建设项目档案工作指导系列丛书

光伏项目档案工作指导

王 淼 乔 俊 丁 伟 等著

中国建筑工业出版社

图书在版编目（CIP）数据

光伏项目档案工作指导 / 王淼等著. — 北京：中国建筑工业出版社，2023.10
（建设项目档案工作指导系列丛书）
ISBN 978-7-112-29177-9

Ⅰ. ①光… Ⅱ. ①王… Ⅲ. ①太阳能光伏发电－基本建设项目－工程档案－档案工作 Ⅳ. ①G275.3

中国国家版本馆 CIP 数据核字（2023）第 180909 号

责任编辑：王华月
责任校对：芦欣甜

建设项目档案工作指导系列丛书
光伏项目档案工作指导
王　淼　乔　俊　丁　伟　等著

*

中国建筑工业出版社出版、发行（北京海淀三里河路9号）
各地新华书店、建筑书店经销
北京红光制版公司制版
建工社（河北）印刷有限公司印刷

*

开本：787 毫米×1092 毫米　横 1/16　印张：5¾　字数：142 千字
2023 年 10 月第一版　　2023 年 10 月第一次印刷
定价：**50.00** 元
ISBN 978-7-112-29177-9
（41889）

版权所有　翻印必究
如有内容及印装质量问题，请联系本社读者服务中心退换
电话：(010) 58337283　　QQ：2885381756
（地址：北京海淀三里河路9号中国建筑工业出版社 604 室　邮政编码：100037）

内 容 提 要

为提高光伏发电工程建设项目档案规范性水平，确保公司建设项目档案内容完整、准确，档案案卷组卷合理、规范，特撰写了《光伏项目档案工作指导》。本书内容包括：编制说明，分类依据，工程档案编制总体要求，前期文件内容及要求，招标投标文件内容及要求，合同文件内容及要求，施工图内容及要求，工程管理、质量监督文件内容及要求，工程施工文件内容及要求，调试试验与并网启动试运行文件内容及要求，工程监理、设备监造文件内容及要求，竣工验收文件内容及要求，竣工图内容及要求，设备文件内容及要求等14部分。本书可作为光伏建设项目档案管理的工具书供参建各方使用。

本书在龙源（北京）新能源工程设计研究院有限公司工程管理部各位同事共同努力下完成著作。第1、3章由王淼撰写，第2、11章由乔俊撰写，第4、5章由丁伟撰写，第6、7章由刘伊雯撰写，第8、9章由刘玉撰写，第10、12章由张思为撰写，第13、9章部分内容由谢永锋撰写，第14、9章部分内容由王震撰写。另外本书撰写过程中，得到了龙源电力集团综合管理部赵涛、杨超、姜咏松等同事的大力支持和帮助，同时云南龙源公司、陕西龙源公司、宁夏龙源公司提供了大量的档案图片资料，在此一并向各位同仁表示衷心的感谢！

本书主要著作人员：王淼 乔俊 丁伟 刘伊雯 刘玉 张思为 谢永锋 王震

前 言

近年来光伏发电产业蓬勃发展，技术更新速度快，如：跟踪支架技术广泛应用、箱逆变一体机应用推广、升压站预制舱设备普及应用、储能电池技术规模化发展等，而相关的技术标准与行业发展速度不同步，导致光伏项目档案的项目划分、质量验评等工作各单位认识各有不同，差异较大。这给档案资料编写、收集、整理及归档等工作造成较大困扰，导致各项目档案资料五花八门。各位著者经过多年的光伏项目档案管理经验总结，综合各地建设单位反馈意见，对光伏项目档案管理工作进行了分析讨论并归纳总结了一套档案管理工作的技术导则，以供学习参考。希望本书的出版可为我国光伏发电工程档案管理水平的提高起到有益推动作用。由于著者能力有限，且时间比较匆忙，如在使用中有任何疑问或者良好建议，欢迎批评指正。在此表示衷心的感谢！

全体著作人员

二○二三年八月十八日

目 录

1 编制说明 ·· 1
2 分类依据 ·· 1
3 工程档案编制总体要求 ·· 2
4 前期文件内容及要求（分类号 800、801）·· 5
5 招标投标文件内容及要求（分类号 802）·· 10
6 合同文件内容及要求（分类号 802）·· 16
7 施工图内容及要求（分类号 811～815）·· 19
8 工程管理、质量监督文件内容及要求（分类号 820～822）·· 29
9 工程施工文件内容及要求 ·· 32
   9.1 单位工程综合管理文件（分类号 830）·· 34
   9.2 光伏发电单元施工工程（分类号 8310～8312）·· 41
   9.3 集电线路工程（分类号 8330、8331）·· 45
   9.4 电缆工程（场区配网）（分类号 8331）·· 49
   9.5 升压站土建工程（分类号 8340、8341）·· 50
   9.6 升压站电气安装工程（分类号 8342、835）··· 53
   9.7 道路及附属工程（分类号 836～838）·· 61
10 调试试验与并网启动试运行文件内容及要求（分类号 840～842、844、845）············ 65

11 工程监理、设备监造文件内容及要求（分类号851、852） ································· 66

12 竣工验收文件内容及要求（分类号860、862） ·· 70

13 竣工图内容及要求（分类号870、871、873～876） ······································· 72

14 设备文件内容及要求（分类号910～916、920～922、930、931、940～946、950、951、970、980、981、990） ········ 80

1 编 制 说 明

为提高光伏发电建设项目工程档案管理，用以指导建设项目工作档案分类、案卷题目、卷内目录规范编写，从而有效提高建设项目工程档案管理水平。

2 分 类 依 据

光伏发电项目工程档案整理、归档主要依据国家现行标准《建设项目档案管理规范》DA/T 28、《科学技术档案案卷构成一般要求》GB/T 11822、《110kV～750kV 架空输电线路施工质量检验及评定规程》DL/T 5168、《电气装置安装工程 66kV 及以下架空电力线路施工及验收规范》GB 50173、《电气装置安装工程质量检验及评定规程》DL/T 5161、《电力建设施工质量验收规程 第 1 部分：土建工程》DL/T 5210.1、《光伏发电工程验收规范》GB/T 50796，分类依据现行行业标准《光伏发电建设项目文件归档与档案整理规范》NB/T 32037 执行，并结合工程实际情况进行分类、组卷。

3　工程档案编制总体要求

序号	题目	内容	图例
1	组卷数量	100MW 的光伏不少于 250 册，50MW 的光伏不少于 200 册	
2	档案组成	电力生产、科研开发、项目前期文件、施工图、招标投标文件、合同文件、施工文件、监理文件、调试文件、竣工图、设备仪器文件（电力生产和科研开发按光伏规范收集）	图1
3	档号的组成	第一个项目的代号×011，档号：×011＋分类号＋案卷号组成，第一个项目扩建工程：×012＋分类号＋案卷号组成，第二个项目代号×021，档号：×021＋分类号＋案卷号组成，第二个项目扩建工程：×022＋分类号＋案卷号组成	
4	档案说明编制要求	包括：工程概况、项目档案工作概况、项目档案内容与数量、编制依据、分类规则及方案、按项目划分表系统整理情况简易说明	
5	归档文件质量要求	归档文件应为原件。如因某种原因不能原件归档，在复印件上加盖原件单位的公章，注明原件存放处（常见供应商资质、原材料出厂质量证明文件复印件）	图2

序号	题目	内容	图例
6	档案表格页边距的要求	编制统一用70~80g纸，文字资料的表格样式应统一，页边距要求：左：2.5cm、右：1.5cm、上：2.0cm、下：2.0cm	(文 (a) 三孔一线装订 (文 (b) 三孔一线装订效果 图3
7	档案盒的要求	建设项目文件全部装入档案盒，用牛皮纸打印脊背内容，粘贴档案盒脊背上	
8	编写页码的要求	文件一律用铅笔编写页号，对有书写内容的页面编写页号，右下角或双面页反面的左下角空白处书写阿拉伯数字，一页一号，按册（卷）装订的，每一册都从1开始编写连续页号，按件装订的，每份文件从1编写页号，件与件之间不连号，卷内目录和备考表不编页号	
9	施工、调试、监理工程的文件装订要求（图1~图5）	按专业、系统划分，再按单位（子单位）、分部工程装订成册，采用三点一线装订，外封面用牛皮纸（硬封面）	(文 (a) 直角装订 (文 (b) 直角装订效果 图4
		排列的顺序：外封面（档案系统直接打印）、卷内目录、审查页、资料正文、备考表、硬底面排列	
		装订厚度一般要求200~300页	
		封面、卷内目录、备考表由档案管理软件自动生成	
		卷内目录打印页号，备考表打印一册有多少页	

序号	题目	内容	图例
10	施工、调试、监理工程案卷题名和卷内题目要求	案卷题名：项目名称＋单位工程名称＋卷内主要文件内容（题名不能重复），因项目核准名称太长，脊背打印不下，应由项目建设单位在保证与项目核准名称基本一致的情况下，统一规定使用简化的项目名称 卷内题目：单位工程名称＋分部＋（或分项）＋（或检验批）的名称（题名不能重复） 注意：卷内文件按一式一份录入，为电子文件挂接、检索提供方便	角装：4页及以下装订方式 约15mm 两孔装订样式，孔距约15mm，倾斜45°，装订线中心点距纸张左上角约15mm，线头留在文件背面。 图5
11	项目部公章的要求	项目部（施工、监理单位）名称以项目部公章为准。按填写、使用说明要求盖公司章外，所有需要盖公章的，一律盖项目部的章	
12	其他	具体内容可以参考以下事例，但不限于此	

4 前期文件内容及要求（分类号800、801）

在每件文件的首页右上端空白处加盖并填写档号章，卷内文件按一式一份录入（注意：检查文件盖章、日期是否齐全）。
项目前期文件组卷的顺序：批复在前、请示在后。

档案号	案卷题名	卷内题目	图例
0011-800-001（图6～图13）	××省发展改革委员会关于××市××区××光伏场项目备案的证明、请示、申请报告	1 ××省发展改革委员会关于××市××区××光伏场项目备案的证明 2 ××市发展改革委员会××光伏场项目备案的请示 3 ××区发展改革委员会××光伏场项目备案的请示 4 关于申请××光伏场项目备案的请示 5 ××光伏场项目备案申请报告 6 ××省能源局关于同意××光伏场项目开展前期工作的通知 7 ××市发改委关于上报请求同意××光伏场项目开展前期工作的请示	图6
0011-800-002	××省能源局关于同意××光伏场项目选址意见书批复、请示	1 ××省能源局关于同意×××光伏场项目选址意见书批复 2 ××光伏场项目选址请示 3 ××光伏场项目选址意见书	

档案号	案卷题名	卷内题目	图例
0011-800-003	××省国土资源厅关于××光伏场建设项目的用地预审意见、请示、建设规划用地规划许可证、不动产权证	1 ××省国土资源厅关于××光伏场建设项目的用地预审意见 2 ××市国土资源局关于××光伏场建设项目用地预审的初审意见 3 ××市国土资源局××分局关于××光伏场建设项目用地预审的初审意见 4 ××新能源公司关于××光伏场项目用地预审的请示 5 ××光伏项目建设规划许可证 6 ××光伏项目建设用地规划许可证 7 ××光伏项目不动产权证	图7
0011-800-004	××光伏项目征地补偿预付款、征地补偿协议	1 ××光伏项目征地补偿预付款协议 2 ××光伏项目××村施工弃土场租地合同 3 ××光伏项目征地补偿预付款协议补充协议 4 ××光伏项目进场道路补偿协议 5 ××光伏项目公路路产占用补偿协议	
0011-800-005	××光伏项目开工批复、许可证	1 ××光伏项目开工批复、请示 2 ××光伏项目开工许可证 3 ××光伏项目建设工程备案证明	
0011-801-001	××省政府项目评审中心关于《××光伏场可行性研究报告》评审意见、报告	1 ××省人民政府投资项目评审中心关于《××省××光伏场可行性研究报告》的评审意见 2 ××省××光伏场工程可行性研究报告	图8

档案号	案卷题名	卷内题目	图例
0011-801-002	××省环境保护厅关于××光伏场工程环境影响报告书的批复、请示、环境影响报告书	1 ××省环境保护厅关于××光伏场工程环境影响报告书的批复 2 ××市环境保护局关于××省××市××光伏场项目环境影响报告书的审查意见 3 关于××省××市××光伏场项目环境影响报告书的技术评估意见 4 关于申请××省××市××光伏场项目环保行政许可的请示 5 ××省××市××光伏场项目环境影响报告书	图9
0011-801-003	××光伏项目××省水利厅关于准予××光伏场项目水土保持方案的行政许可决定书、可行性研究报告书	1 ××省水利厅关于准予××光伏场项目水土保持方案的行政许可决定书 2 ××省水利厅××光伏项目行政许可申请受理通知书 3 ××光伏项目水土保持方案可行性研究报告书 4 ××光伏项目水土流失防治责任范围的确认函 5 ××光伏项目开展水土保持方案评估的情况说明 6 ××光伏场××kV集电线路工程水土流失防治责任范围的确认函	
0011-801-004	××光伏项目消防设计专题报告、图册及审查意见	1 ××光伏项目消防设计图册 2 ××光伏项目消防设计专题报告 3 ××光伏项目消防设计审查意见	
0011-801-005	××省安全生产监督管理局关于××光伏场安全预评价报告备案的通知、专家组审查意见、申请、安全预评价报告	1 ××省安全生产监督管理局关于××光伏场安全预评价报告备案的通知 2 《××光伏场安全预评价报告》专家组审查意见 3 ××光伏项目关于《××光伏场安全预评价报告》的备案申请 4 ××光伏项目安全预评价报告	图10

7

档案号	案卷题名	卷内题目	图例
0011-801-006	××评估中心关于××光伏项目职业病危害控制效果评价报告书、预评价报告书	1 ××评估中心关于××光伏项目职业病危害控制效果评价报告书 2 ××光伏项目职业病危害控制效果评价报告书附件 3 ××光伏项目职业病危害预评价报告书 4 ××光伏项目职业病防护专篇	图11
0011-801-007	××省国土资源厅关于××光伏项目地质灾害危险性评估报告备案登记表、环境条件图、评估报告	1 ××省国土资源厅关于××光伏项目地质灾害危险性评估报告备案登记表 2 ××光伏项目工程建设地质环境条件图 3 ××光伏项目工程建设地质灾害危险性综合分区评估图 4 ××光伏项目工程建设地质灾害危险性评估报告	
0011-801-008	××评估公司关于××光伏项目地震安全性评价备案文件、审查意见、评价报告	1 ××光伏项目地震安全性评价备案文件 2 ××光伏项目地震安全性评价审查意见 3 ××光伏项目地震安全性评价评价报告	
0011-801-009	××省政府关于××光伏项目节能的批复、评估报告	1 ××省政府关于××光伏项目节能的批复 2 ××光伏项目评估报告	图12
0011-801-010	××文物单位关于××光伏项目文物勘探调查的批复、评价报告	1 ××文物单位关于××光伏项目文物勘探调查的批复 2 ××光伏项目文物勘探调查评价报告	

档案号	案卷题名	卷内题目	图例
0011-801-011	××县人民政府关于××光伏场项目社会稳定风险防范的意见、评估报告、分析报告	1 ××县人民政府关于××光伏场项目社会稳定风险防范的意见 2 ××县人民政府关于××光伏项目社会稳定风险防范的报告 3 ××光伏场项目社会稳定风险评估报告 4 ××光伏场项目社会稳定风险分析报告	
0011-801-012	××省国土资源厅关于××光伏项目用地矿产资源调查结果的备案证明、评估报告、分布图	1 ××省国土资源厅关于××光伏项目用地矿产资源调查结果的备案证明 2 ××省××光伏场项目用地压覆矿产资源评估报告 3 ××省××光伏场项目用地矿产资源分布图	卷内备考表 档号：DK011-800-001 互见号：DK011-800G-001 说明： 本卷共4件，共10页，其中图纸共0张。
0011-801-013	××省电网公司关于××市××光伏场接入系统设计方案的意见、报告、专题研究	1 ××电网有限责任公司关于××市××光伏场接入系统设计方案的意见 2 ××省××市××光伏项目接入系统报告 3 ××市××光伏项目接入专题研究	立卷人： 2023年7月25日 检查人： 2023年7月25日
0011-801-014	××设计院关于××光伏项目勘测界定报告及图纸	1 ××设计院关于××光伏项目勘测界定报告 2 ××光伏项目勘测界定图纸	图13
0011-801-015	××市××光伏项目使用林地审核同意书、采伐许可证、采伐许可申请	1 ××市××光伏项目使用林地审核同意书 2 ××市××光伏项目林木采伐许可证 3 关于办理××光伏项目林木采伐许可申请 4 关于办理××光伏场110kV集电线路工程项目林木采伐许可申请	

5 招标投标文件内容及要求（分类号802）

在招标投标文件、评标报告、定标通知书、中标通知书的首页右上端空白处加盖并填写档号章，卷内文件按一式一份录入（注意：招标投标、评标报告是否盖章）。

按设计、监理、施工、设备采购、服务咨询的顺序排列。

根据招标投标纸张厚度调整组卷（也可以把招标和评标报告装一个档案盒，投标报告装一个档案盒）。

档案号	案卷题名	卷内题目	图例
0011-802-001 （图14～图22）	××光伏项目工程设计招标文件、投标文件、评标报告、定标通知、中标通知书（FD-××-××）	1 ××光伏项目工程设计招标文件 2 ××光伏项目工程设计投标文件 3 ××光伏项目工程设计评标报告 4 ××光伏项目工程设计××招标管理委员会×年第×次会议定标通知 5 ××光伏项目工程设计中标通知书	图14
0011-802-002	××光伏项目工程监理招标文件、投标文件、评标报告、定标通知、中标通知书（FD-××-××）	1 ××光伏项目工程监理招标文件 2 ××光伏项目工程监理投标文件 3 ××光伏项目工程监理评标报告 4 ××光伏项目工程监理××招标管理委员会×年第×次会议定标通知 5 ××光伏项目工程监理中标通知书	

档案号	案卷题名	卷内题目	图例
0011-802-003	××光伏项目光伏发电单元建安工程招标文件、投标文件、评标报告、定标结果通知、中标通知书（GDCX02-SGZB19-××××）	1 ××光伏项目光伏发电单元建安工程招标文件 2 ××光伏项目光伏发电单元建安工程投标文件 3 ××光伏项目光伏发电单元建安工程评标报告 4 ××光伏项目光伏发电单元建安工程××采购管理委员会×年第×次会议定标结果通知 5 ××光伏项目光伏发电单元建安工程中标通知书	图15
0011-802-004	××光伏项目集电线路施工工程招标文件、投标文件、定标结果通知、中标通知书（GDCX02-××××-××××）	1 ××光伏项目集电线路施工工程招标文件 2 ××光伏项目集电线路施工工程投标文件 3 ××光伏项目集电线路施工工程评标报告 4 ××光伏项目集电线路施工工程××年第×次×会议定标结果通知 5 ××光伏项目集电线路施工工程中标通知书	
0011-802-005	××光伏项目升压站土建及电气安装施工工程招标文件、投标文件、评标报告、定标结果通知、中标通知书（GDCX02-××××-××××）	1 ××光伏项目升压站土建及电气安装施工工程招标文件 2 ××光伏项目升压站土建及电气安装施工工程投标文件 3 ××光伏项目升压站土建及电气安装施工工程评标报告 4 ××光伏项目升压站土建及电气安装施工工程××采购管理委员会×年第×次会议定标结果通知 5 ××光伏项目升压站土建及电气安装施工工程中标通知书	图16

档案号	案卷题名	卷内题目	图例
0011-802-006	××光伏项目道路施工招标文件、投标文件、评标报告、定标结果通知、中标通知书（GDCX02-××××-×××）	1 ××光伏项目道路施工工程招标文件 2 ××光伏项目道路施工工程投标文件 3 ××光伏项目道路施工工程评标报告 4 ××光伏项目道路施工工程××采购管理委员会×年第×次会议定标结果通知 5 ××光伏项目道路施工工程中标通知书	图17
0011-802-007	××光伏项目支架和组件采购招标文件、投标文件、评标报告、定标结果通知、中标通知书（GDCX02-××××-×××）	1 ××光伏项目支架和组件采购招标文件 2 ××光伏项目支架和组件采购投标文件 3 ××光伏项目支架和组件采购评标报告 4 ××光伏项目支架和组件采购××采购管理委员会×年第×次会议定标结果通知 5 ××光伏项目支架和组件采购中标通知书	
0011-802-008	××光伏项目逆变器采购招标文件、投标文件、评标报告、定标结果通知、中标通知书（GDCX02-××××-×××）	1 ××光伏项目逆变器采购招标文件 2 ××光伏项目逆变器采购投标文件 3 ××光伏项目逆变器采购评标报告 4 ××光伏项目逆变器采购××采购管理委员会×年第×次会议定标结果通知 5 ××光伏项目逆变器采购中标通知书	图18

档案号	案卷题名	卷内题目	图例
0011-802-009	××光伏项目××kV无功补偿成套装置（SVG）采购招标文件、投标文件、评标报告、定标结果通知、中标通知书（GDCX02-××××-××××）	1 ××光伏项目××kV无功补偿成套装置（SVG）采购招标文件 2 ××光伏项目××kV无功补偿成套装置（SVG）采购商务投标文件 3 ××光伏项目××kV无功补偿成套装置（SVG）采购技术投标文件 4 ××光伏项目××kV无功补偿成套装置（SVG）采购评标报告 5 ××光伏项目××kV无功补偿成套装置（SVG）采购××采购管理委员会×年第×次会议定标结果通知 6 ××光伏项目××kV无功补偿成套装置（SVG）采购中标通知书	图19
0011-802-010	××光伏项目二次设备采购招标文件、投标文件、评标报告、定标结果通知、中标通知书（GDCX02-××××-××××）	1 ××光伏项目二次设备采购招标文件 2 ××光伏项目二次设备采购商务投标文件 3 ××光伏项目二次设备采购技术投标文件 4 ××光伏项目二次设备采购综合投标文件 5 ××光伏项目二次设备采购评标报告 6 ××光伏项目二次设备采购××采购管理委员会×年第×次会议定标结果通知 7 ××光伏项目二次设备采购中标通知书	图20

档案号	案卷题名	卷内题目	图例
0011-802-011	××光伏项目GIS采购招标文件、投标文件、评标报告、定标结果通知、中标通知书（GDCX02-××××-××××）	1 ××光伏项目GIS采购招标文件 2 ××光伏项目GIS采购投标文件 3 ××光伏项目GIS采购评标报告 4 ××光伏项目GIS采购××采购管理委员会×年第×次会议定标结果通知 5 ××光伏项目GIS采购中标通知书	
0011-802-012	××光伏项目××kV组合式变压器（箱变）采购招标文件、投标文件、评标报告、定标结果通知、中标通知书（GDCX02-××××-××××）	1 ××光伏项目××kV组合式变压器（箱变）采购招标文件 2 ××光伏项目××kV组合式变压器（箱变）采购投标文件 3 ××光伏项目××kV组合式变压器（箱变）采购评标报告 4 ××光伏项目××kV组合式变压器（箱变）采购××采购管理委员会×年第×次会议定标结果通知 5 ××光伏项目××kV组合式变压器（箱变）采购中标通知书	图21
0011-802-013	××光伏项目××kV升压站开关柜采购招标文件、投标文件、定标结果通知、中标通知书（GDCX02-××××-××××）	1 ××光伏项目××kV升压站开关柜采购招标文件 2 ××光伏项目××kV升压站开关柜采购投标文件 3 ××光伏项目××kV升压站开关柜采购评标报告 4 ××光伏项目××kV升压站开关柜采购××采购管理委员会×年第×次会议定标结果通知 5 ××光伏项目××kV升压站开关柜采购中标通知书	

档案号	案卷题名	卷内题目	图例
0011-802-014	××光伏项目电力电缆采购招标文件、投标文件、评标报告、定标结果通知、中标通知书（GDCX02-××××-×××）	1 ××光伏项目电力电缆采购招标文件 2 ××光伏项目电力电缆采购投标文件 3 ××光伏项目电力电缆采购评标报告 4 ××光伏项目电力电缆采购××采购管理委员会×年第×次会议定标结果通知 5 ××光伏项目电力电缆采购中标通知书	卷内备考表 档号：0011-802-001 互见号：0011-802G-001 说明： 本卷共 5 件，共 261 页，其中图纸共 0 张。 立卷人： 2023年7月18日 检查人： 2023年7月18日 图22
0011-802-015	××光伏项目光缆采购招标文件、投标文件、评标报告、定标结果通知、中标通知书（GDCX02-××××-×××）	1 ××光伏项目光缆采购招标文件 2 ××光伏项目光缆采购投标文件 3 ××光伏项目光缆采购评标报告 4 ××光伏项目光缆采购××采购管理委员会×年第×次会议定标结果通知 5 ××光伏项目光缆采购中标通知书	

6 合同文件内容及要求（分类号802）

在每份合同的首页右上端空白处加盖并填写档号章，卷内文件按一式一份合同录入。

组卷顺序：合同会签单、合同正本、合同谈判纪要、律师函。有询价文件和技术协议随合同一起归档。

施工类放一起、设备类放一起、服务类放一起、租赁类放一起（注意：合同章、日期、签字是否齐全）。

档案号	案卷题名	卷内题目	图例
0011-802-016（图23~图27）	××光伏项目监理、设计合同	1 ××光伏项目监理合同及会签单 2 ××光伏项目监理合同补充协议 3 ××光伏项目设计合同及会签单	档　号：0011-802-016 ××光伏项目工程监理、设计合同 立卷单位 ××龙源新能源有限公司 起止日期 20220523-20230202 保管期限 永久 密　级 图23
0011-802-017	××光伏项目发电单元建安施工合同、集电线路施工合同	1 ××光伏项目发电单元建安施工合同及会签单 2 ××光伏项目集电线路施工合同及会签单	
0011-802-018	××光伏项目升压站土建及电气安装、道路施工工程合同	1 ××光伏项目升压站土建及电气安装施工合同及会签单 2 ××光伏项目道路施工工程合同及会签单	
0011-802-019	××光伏项目光伏支架和组件、逆变器采购合同及会签单	1 光伏项目光伏支架和组件采购合同及会签单 2 光伏项目逆变器采购合同及会签单	

档案号	案卷题名	卷内题目	图例
0011-802-020	××光伏项目升压站二次设备采购、二次设备电度表柜及电能质量监测装置和母差部分采购合同	1 ××光伏项目升压站二次设备采购合同及会签单 2 ××光伏项目升压站二次设备采购增补合同及会签单 3 ××光伏项目二次设备（电度表柜及电能质量监测装置）采购合同及会签单 4 ××光伏项目二次设备（母差部分）采购合同及会签单	图24
0011-802-021	××光伏项目GIS、无功补偿、××kV开关柜采购合同	1 ××光伏项目无功补偿采购合同及会签单 2 ××光伏项目升压站GIS采购合同及会签单 3 ××光伏项目××kV开关柜采购合同及会签单	
0011-802-022	××光伏项目主变、箱变采购合同	1 ××光伏项目主变采购合同及会签单 2 ××光伏项目箱变采购合同及会签单 3 ××光伏项目箱变采购补充合同及会签单	
0011-802-023	××光伏项目电缆、电缆分接箱、光缆采购合同及补充协议	1 ××光伏项目电力电缆采购合同及会签单 2 ××光伏项目电缆分接箱采购合同及会签单 3 ××光伏项目光缆采购合同及会签单 4 ××光伏项目光缆采购合同补充协议及会签单	图25
0011-802-024	××光伏项目地质灾害危险性评估、压覆矿产资源评估、测绘、用地勘测定界、工程总体规划、微观选址、安全预评价服务合同	1 ××光伏项目地质灾害危险性评估及压覆矿产资源评估合同及会签单 2 ××项目测绘合同书及会签单 3 ××光伏项目建设用地勘测定界协议书及会签单 4 ××光伏项目工程总体规划报告咨询评审合同及会签单 5 ××光伏项目微观选址合同及会签单 6 ××光伏项目安全预评价技术服务合同及会签单	

档案号	案卷题名	卷内题目	图例
0011-802-025	××光伏项目可行性研究咨询评审、环境影响评价咨询、使用林地、水土保持、接入系统评审咨询合同	1 ××光伏项目预可行性研究报告咨询评审合同及会签单 2 ××光伏项目可行性研究报告咨询评审合同及会签单 3 ××光伏项目环境影响评价咨询合同及会签单 4 ××光伏项目环境影响报告表技术评估合同及会签单 5 ××光伏项目使用林地报告编制合同及会签单 6 ××光伏项目水土保持设施竣工验收技术评估服务合同及会签单 7 ××光伏项目接入系统专题研究及会签单 8 ××光伏项目接入系统评审咨询合同及会签单	图26
0011-802-026	××光伏项目机械设备租赁、房屋租赁、车辆租赁合同	1 ××光伏项目机械设备租赁合同及会签单 2 ××光伏项目房屋租赁合同及会签单 3 ××光伏项目车辆租赁合同及会签单	
0011-802-027	××公司业务咨询服务合同、审核业务约定书	1 ××公司业务咨询服务合同 2 ××公司审核业务约定书	图27

7 施工图内容及要求（分类号811~815）

图纸不装订，要求折叠成4号图样（210mm×297mm），标题栏应露在外面，并在标题栏上方空白处加盖并填写档号章。

图纸按照专业—卷册号组卷，案卷题名＋（卷册检索号），卷内目录按图号顺序逐张录入（注意检查图号是否连续）。

档案号	案卷题名	卷内题目	图例
0011-811-001	××市××光伏项目岩土工程勘察、设计基础可行性报告	1 ××光伏项目岩土工程勘察报告 2 ××光伏项目水文、气象、地震等其他设计基础可行性报告	图28
0011-812-001	××光伏项目初步设计审查、设计方案、设计审定文件	1 ××光伏项目初步设计审查文件 2 ××光伏项目设计方案、设计审定文件	
0011-813-001 （图28）	××光伏项目施工图总目录、说明书、概算、图纸会审及纪要	1 ××光伏项目施工图总目录、说明书、概算书 2 ××光伏项目施工图图纸会审及纪要	

档案号	案卷题名	卷内题目	图例
0011-813-002	××光伏项目光伏区施工图（图册号）	1 ××光伏发电项目光伏区结构目录 2 ××光伏发电项目光伏区钢结构支架设计总说明 3 ××光伏发电项目光伏区支架平面布置图 4 ××光伏发电项目光伏区支架节点详图 5 ××光伏发电项目光伏区支架构件详图 6 ××光伏发电项目光伏区桩基详图 7 ××光伏发电项目光伏区汇流箱安装支架详图 8 ××光伏发电项目光伏区箱变逆变一体机钢平台结构平面布置图 9 ××光伏发电项目光伏区箱变逆变一体机事故油池详图 10 ××光伏发电项目光伏区箱变逆变一体桩基详图 11 ××光伏发电项目光伏区1号发电单元桩点平面布置图 12 ××光伏发电项目光伏区2号发电单元桩点平面布置图 13 ××光伏发电项目光伏区N号发电单元桩点平面布置图	档　号：<u>BZ1011-813-055</u>　正本 光伏发电项目施工图阶段35kV集电线路部分总说明书及附图 立卷单位　<u>陕西置能工程设计咨询有限公司</u> 起止日期　<u>2020.11.00-2020.11.00</u> 保管期限　<u>　　　30年　　　</u> 密　级　<u>　　　　　　　</u> 图29

档案号	案卷题名	卷内题目	图例
0011-813-003	××光伏项目光伏区构支架施工图（图册号）	1 ××光伏发电项目GIS及出线构架施工图阶段结构专业图纸 2 ××光伏发电项目GIS及出线构架施工图阶段、结构专业目录 3 ××光伏发电项目GIS及出线构架设备基础结构设计总说明 4 ××光伏发电项目GIS及出线构架钢构架设计总说明 5 ××光伏发电项目GIS及出线构架透视图 6 ××光伏发电项目GIS及出线构架基础施工图 7 ××光伏发电项目GIS及出线构架GJZ-10m-D详图 8 ××光伏发电项目GIS及出线构架GJZ-10m-a详图 9 ××光伏发电项目GIS及出线构架GJZ-10m-b详图 10 ××光伏发电项目GIS及出线构架ZBGL-8.0m详图 11 ××光伏发电项目GIS及出线构架T-1详图 12 ××光伏发电项目GIS及出线构架T-2详图 13 ××光伏发电项目GIS及出线构架T-3详图 14 ××光伏发电项目GIS及出线构架GZ-1详图 15 ××光伏发电项目GIS及出线构架PT-1详图 16 ××光伏发电项目GIS及出线构架GIS成套设备基础详图	图30
0011-813-004	××光伏项目送出线路工程施工说明书及附图、设备材料汇总表、平断面定位图、杆位明细表、机电、基础、地脚螺栓施工图、通信部分（图册号）	参照001-813-002	

21

档案号	案卷题名	卷内题目	图例
0011-813-005 (图29～图37)	××光伏发电项目× ××kV送出线路部分 机电安装施工图（图册 号）	参照001-813-002	
0011-813-006	××光伏发电项目× ××kV送出线路电力 电缆部分施工图（图册 号）	参照001-813-002	
0011-813-007	××光伏发电项目× ××kV送出线路杆塔 基础及转角塔结构及基 础施工图（图册号）	参照001-813-002	
0011-813-008	××光伏发电项目主 变压器结构施工图（图 册号）	参照001-813-002	
0011-813-009	××光伏发电项目 GIS及出线构架施工图 （图册号）	参照001-813-002	
0011-813-010	××光伏发电项目接 地变结构施工图（图册 号）	参照001-813-002	

图31

档案号	案卷题名	卷内题目	图例
0011-813-011	××光伏发电项目SVG结构施工图（图册号）	参照 001-813-002	
0011-813-012	××光伏发电项目35kV开关柜设备舱结构施工图（图册号）	参照 001-813-002	档号 序号 B21011-813-015 02 图号 ZN20-1105S1-X0101-01 **50 MW农光互补竞价上网光伏发电项目** **（35kV集电线路）** 施工图设计阶段 综合部分 **第 1 卷 总说明书及附图** **总说明书** 陕西星能工程设计咨询有限公司 二〇二〇年十一月 西安 图32
0011-813-013	××光伏发电项目二次设备舱施工图（图册号）	参照 001-813-002	
0011-813-014	××光伏发电项目避雷针及环境观测仪结构施工图（图册号）	参照 001-813-002	
0011-813-015	××光伏发电项目电气总施工图（图册号）	参照 001-813-002	
0011-813-016	××光伏发电项目××kV室外配电装置施工图（图册号）	参照 001-813-002	
0011-813-017	××光伏发电项目主变压器及各侧引线安装施工图（图册号）	参照 001-813-002	

23

档案号	案卷题名	卷内题目	图例
0011-813-018	××光伏发电项目××kV配电装置安装施工图（图册号）	参照001-813-002	
0011-813-019	××光伏发电项目SVG无功补偿装置安装施工图（图册号）	参照001-813-002	检索号：ZN20-1105S1-X0101-02 50兆瓦农光互补 竞价上网光伏发电项目 （35kV集电线路） 施工图 主要设备材料清表 二〇二〇年十一月 西安 图33
0011-813-020	××光伏发电项目接地变及站用变安装施工图（图册号）	参照001-813-002	
0011-813-021	××光伏发电项目电缆防火及埋管施工图（图册号）	参照001-813-002	
0011-813-022	××光伏发电项目全站照明施工图（图册号）	参照001-813-002	
0011-813-023	××光伏发电项目防雷接地施工图（图册号）	参照001-813-002	

档案号	案卷题名	卷内题目	图例
0011-813-024	××光伏发电项目光伏系统布置及接线施工图（图册号）	参照 001-813-002	
0011-813-025	××光伏发电项目电缆敷设施工图（图册号）	参照 001-813-002	
0011-813-026	××光伏发电项目设备材料表（图册号）	参照 001-813-002	
0011-813-027	××光伏发电项目电缆清册（图册号）	参照 001-813-002	
0011-813-028	××光伏发电项目计算机临控公用系统施工图（图号）	参照 001-813-002	图 34
0011-813-029	××光伏发电项目主变二次原理及安装接线原理施工图（图册号）	参照 001-813-002	
0011-813-030	××光伏发电项目开关设备二次原理及接线施工图	参照 001-813-002	

档案号	案卷题名	卷内题目	图例
0011-813-031	××光伏发电项目线路及母线设备二次原理及安装接线施工图（图册号）	参照001-813-002	
0011-813-032	××光伏发电项目交直流一体化电源系统施工图（图册号）	参照001-813-002	
0011-813-033	××光伏发电项目SVG装置二次原理及接线施工图（图册号）	参照001-813-002	图35
0011-813-034	××光伏发电项目接地变二次原理及接线施工图（图册号）	参照001-813-002	
0011-813-035	××光伏发电项目视频监控施工图（图册号）	参照001-813-002	
0011-813-036	××光伏发电项目××kV母线原理及二次接线图（图册号）	参照001-813-002	

档案号	案卷题名	卷内题目	图例
0011-813-037	××光伏发电项目安全自动装置原理及安装接线图（图册号）	参照 001-813-002	
0011-813-038	××光伏发电项目××kV线路保护测控原理及二次接线图（图册号）	参照 001-813-002	
0011-813-039	××光伏发电项目××kV母线原理及二次接线图（图册号）	参照 001-813-002	
0011-813-040	××光伏发电项目远动信号及数据网络系统图（图册号）	参照 001-813-002	图36
0011-813-041	××光伏发电项目电能计量系统图（图册号）	参照 001-813-002	
0011-813-042	××光伏发电项目电能质量监测屏原理及安装接线图（图册号）	参照 001-813-002	

27

档案号	案卷题名	卷内题目	图例
0011-813-043	××光伏发电项目通信图（图册号）	参照 001-813-002	
0011-813-044	××光伏发电项目火灾自动报警施工图（图册号）	参照 001-813-002	卷内备考表 档号：BZ1011-813-055 互见号： 说明： 本卷有 7 件，共有 38 页，其中文字材料 31 页，图纸 7 张。 立卷人： 2023年6月28日 检查人： 2023年6月28日
0011-813-045	××光伏项目消防施工图（图册号）	参照 001-813-002	
0011-813-046	××光伏项目交通施工图（图册号）	参照 001-813-002	
0011-814-001	××光伏项目设计更改通知单、联系单	1 ××光伏项目设计更改通知单汇总 2 ××光伏项目设计更改联系单 3 ××光伏项目设计通知单	
0011-815-001	××光伏项目设计交底、强制性条文执行记录表	1 ××光伏项目设计交底 2 ××光伏项目设计施工图强条执行记录表	

图 37

8 工程管理、质量监督文件内容及要求（分类号820~822）

在每份文件的首页右上端空白处加盖并填写档号章，卷内文件按一式一份录入。
注意事项：质量问题通知单必须与反馈单一一对应，即质量问题通知单要闭环。

档案号	案卷题名	卷内题目	图例
0011-820-001	××光伏项目会议纪要、来往函件、达标、创优文件	1 ××光伏项目通路、通水、通电审批文件 2 ××光伏项目会议纪要、来往函件 3 ××光伏项目达标、创优文件	图38
0011-821-001	××光伏项目银行贷款合同、工程变更、材料代用批复、请示（建设单位）	1 ××光伏项目银行贷款协议、合同 2 ××光伏项目执行概算、调整预算的批复 3 ××光伏项目年度计划、批复 4 ××光伏项目工程量结算单、支付报审 5 ××光伏项目工程变更批复、执行单、变更申请单 6 ××光伏项目工程材料代用审批、请示 7 ××光伏项目工程费用索赔批复、报告	
0011-821-002	××光伏项目设备采购供应台账	××光伏项目设备采购供应台账	

档案号	案卷题名	卷内题目	图例
0011-821-003	××光伏项目安全委员会机构设置文件、应急预案	1 ××光伏项目安全委员会机构设置文件、安委会例会纪要、安全生产责任书、安全文明施工协议、生产制度 2 ××光伏项目应急预案、防汛文件 3 ××光伏项目特种设备取证、台账	图39
0011-821-004	××光伏项目事故报告、调查及处理	××光伏项目事故报告、调查及处理	
0011-821-005	××光伏项目质量检测、环境保护、水土保持监测实施方案	1 ××光伏项目质量检测、考核及整改文件 2 ××光伏项目第三方检测报告 3 ××光伏项目环境保护、水土保持监测实施方案、措施、检查意见及整改闭环文件	图40
0011-821-006	××光伏项目档案管理实施细则、分类大纲	1 ××光伏项目档案管理实施细则 2 ××光伏项目档案分类大纲	

档案号	案卷题名	卷内题目	图例
0011-821-007	××光伏项目建设单位项目部成立文件、印章启用、项目经理任命、授权委托书	1 ××光伏项目建设单位项目部成立文件 2 ××光伏项目建设单位印章启用 3 ××光伏项目建设单位项目经理任命、授权委托书	图41
0011-822-001 (图38～图42)	××光伏项目首次及地基处理、并网及升压站受电、商业运行前质量监督检查报告、整改回复单及汇报材料（按质量监督站大纲要求）	1 质量监督站大纲（注册证书、申报表、检查计划表） 2 ××光伏项目首次及地基处理质量监督检查报告、整改回复单、汇报材料 3 ××光伏项目光伏电池板安装前和升压站设备安装质量监督检查报告、整改回复单、汇报材料 4 ××光伏项目并网及升压站受电质量监督检查报告、整改回复单、汇报材料 5 ××光伏项目商业运行前质量监督检查报告、整改回复单、汇报材料	图42

31

9 工程施工文件内容及要求

装订成册，按单位（子单位）或分部工程组卷，检查盖章、签字是否齐全。

单位工程：（1）光伏发电单元工程；（2）集电线路工程；（3）升压站土建工程；（4）升压站电气安装工程；（5）交通道路及附属工程（绿化、围栏、防洪）。

每个单位工程文件都包含：综合管理文件、施工记录及相关试验报告、质量验收文件三部分。

（1）单位工程综合管理文件（分类号830）。

（2）施工记录按施工工序排列、强制性条文（简称：强条）执行记录可排列在相关的施工记录之后。

（3）施工质量验收记录文件按质量验收划分表中的单位工程、分部工程、分项工程、检验批质量验收排列。

（备注：质量报验单在前，质量验收记录附后。）

施工记录：

（1）地基基础记录包括：土、岩试验报告、地基处理记录及检测记录（包括打桩记录）。

（2）定位测量放线记录及沉降观测记录包括：沉降观测单位的沉降观测资质、仪器年度计量检定证书、测工上岗证件、沉降观测方案、沉降观测点布置图、沉降观测记录、降观测曲线图。

（3）混凝土施工记录：1）若为自拌混凝土，顺序为：混凝土施工配合比试验报告及委托单、混凝土浇筑通知单、混凝土开盘鉴定、混凝土生产质量控制记录、混凝土搅拌记录、混凝土浇筑记录及混凝土养护记录。2）若为商品混凝土，顺序为：混凝土施工配合比试验报告及委托单、混凝土浇筑通知单、混凝土浇筑记录及混凝土养护记录。

（4）钢筋施工记录包括：钢筋冷拉、预应力记录、机械连接及焊接记录等。

（5）钢结构施工记录包括：包括钢结构焊接施工记录及钢结构高强度螺栓连接施工记录、构件吊装记录等。

（6）焊接施工记录、照明全负荷通电试运行记录、照明配电箱、插座、开关接线（接地）通电检查记录、绝缘电阻测试记录、接地电阻测试记录、混凝土结构验收记录、建（构）筑物垂直度、标高、全高测量记录、风荷载倾斜测量记录。

（7）排水管道通球试验记录、管道水压检验记录，阀门强度及严密性试验记录，水池满水试验记录、通风、调试记录、绝缘电阻、接地电阻测试记录、排水系统灌水试验记录、给水、供暖系统试压记录、蓄水构筑物灌水试验记录、有防水要求的地面蓄水试验记录、阀门试验记录、消防试验记录、空调安装试转记录等。

试验报告：

（1）混凝土抗压强度试验报告一览表、混凝土强度统计及评定、混凝土试块强度报告及委托单（标养和同条件养护，同条件养护的需要有按试块做的600℃·d的养护记录）、混凝土抗渗/抗冻试验报告及委托单、灌浆料强度试验报告及委托单（按时间、部位顺序排列）。

（2）砂浆配合比设计报告及委托单（按时间、部位顺序排列）。

（3）砂浆抗压强度试验报告一览表、砂浆强度统计评定、砂浆抗压强度试验报告及委托单（按时间、部位顺序排列）。

（4）土壤击实及回填土试验报告一览表、土壤击实、回填土试验报告及委托单（按部位、标高顺序排列）。

（5）钢筋机械连接报告一览表、钢筋机械连接试验报告及委托单、钢筋焊接试验报告汇总表、钢筋焊接试验报告及委托单、钢筋植筋拉拔试验及委托单等（按时间顺序排列）。

（6）结构实体钢筋保护层厚度检测报告、钢结构超声波检测报告、高强螺栓抗滑移检测报告及委托单（按时间顺序排列）。

工程质量验评记录：

（1）单位工程质量报验单、单位工程质量竣工验收记录、单位工程技术资料核查记录、单位工程安全和功能检验资料核查及主要功能抽查记录、单位工程观感质量验收记录、单位工程优良等级验收评定表；分部、子分部、分项、检验批工程质量验收记录（按照项目划分表的顺序排列，报验单与质量验收记录对应）。

（2）隐蔽工程检查验收记录（注：隐蔽工程验收指：地基处理、地基验槽、混凝土中钢筋、地下混凝土、地下防水、防腐、大面积回填、接地、抹灰工程、吊顶等，按照项目划分表的顺序排列）。

（3）强条执行检查记录。

需注意的是：

（1）施工组织设计、方案、措施要有编审页（编写、审核、批准人员签名，要注明编制单位和编制日期）。

（2）施工记录和验收表格，没有填写内容的空白格用划线或加盖"以下空白"章。

（3）所有的报审表要与其附件组到一起，委托单及复试报告；检验材料应与合格证，一一对应、不得分离。

原材料质量证明文件：

（1）原材料供应商明细及其资质。

（2）各类材料的跟踪管理台账、钢筋水泥砂石等各类原材料、构件及半成品进场报审页、进场清单、自检记录、出厂质量证明文件、委托单及复试报告等。

需注意的是：

(1) 各类原材前面放跟踪管理台账，后附相应的证明文件，必须保证台账所列内容与其后证明文件一一对应。
(2) 复试报告需要加盖 CMA 章。
(3) 原材一般是在供应商处购买，若无出厂原件，可在证明文件上加盖供应商的红章，特别是钢筋，还需注明炉批次。
(4) 不要使用国家技术公告禁止和限制使用的技术（材料、产品）技术报告。

9.1 单位工程综合管理文件（分类号 830）

包含：施工组织设计；单位资质、管理人员资质（包含项目经理任命书、项目部启用项目印章的通知）、特种作业人员资质、工器具检验、机械进场；项目划分表、强条、施工图会检、达标投产、进度计划、危险源辨识、安全预案；施工方案。

档案号	案卷题名	卷内题目	图例
0011-830-001	××光伏项目光伏发电单元工程施工组织设计报审	1 竣工文件审查签字页 2 ××光伏项目光伏发电单元工程施工组织设计报审及附件	图43
0011-830-002 （图43～图47）	××光伏项目光伏发电单元工程承包单位、管理人员资质、测量器具检验、施工机械进场报审	1 竣工文件审查签字页 2 ××光伏项目光伏发电单元工程承包单位资质报审及附件 3 ××光伏项目光伏发电单元工程项目部管理人员资质报审及附件（包含项目经理任命书、项目部启用项目印章的通知） 4 ××光伏项目光伏发电单元工程特种作业人员资质报审及附件 5 ××光伏项目光伏发电单元工程测量器具检验报审及附件 6 ××光伏项目光伏发电单元工程主要施工机械进场报审及附件	

档案号	案卷题名	卷内题目	图例
0011-830-003	××光伏项目光伏发电单元工程质量验收划分表、强条、施工图会检、进度计划、安全预案报审	1 竣工文件审查签字页 2 ××光伏项目光伏发电单元工程质量验收项目划分表报审及附件 3 ××光伏项目光伏发电单元工程强条及技术规范清单报审及附件 4 ××光伏项目光伏发电单元工程施工图会检记录 5 ××光伏项目光伏发电单元工程达标投产实施细则及实施检查记录报审及附件 6 ××光伏项目光伏发电单元工程进度网络计划、工程节点、进度计划调整文件报审及附件 7 ××项目光伏发电单元工程危险源、环境因素辨识与评价措施报审及附件 8 ××项目光伏发电单元工程安全预案报审及附件 9 ××项目光伏发电单元工程施工管理检查记录	档　　号：<u>0011-830-002</u> ××光伏项目光伏发电单元工程承包单位、人员、测量器具、施工机械资质报审 立卷单位　<u>××龙源××有限公司</u> 起止日期　<u>2022.10.19-2022.10.22</u> 保管期限　<u>30年</u> 密　　级 图44
0011-830-004	××光伏项目光伏发电单元工程施工方案报审	1 竣工文件审查签字页 2 ××光伏项目光伏发电单元工程基础施工方案报审及附件 3 ××光伏项目光伏发电单元工程混凝土施工方案及报审 4 ××光伏项目光伏发电单元工程施工用电方案报审及附件 5 ××光伏项目光伏发电单元工程绿色施工、节能减排方案报审及附件 6 ××光伏项目光伏发电单元工程安全文明施工策划方案报审及附件 7 ××光伏项目光伏发电单元工程未使用国家明令禁止的技术、材料、设备及半成品报审及附件	

35

档案号	案卷题名	卷内题目	图例
0011-830-005	××光伏项目集电线路工程施工组织设计报审	1 竣工文件审查签字页 2 ××光伏项目集电线路工程施工组织设计报审及附件	
0011-830-006	××光伏项目集电线路工程承包单位、管理人员资质、测量器具检验、施工机械资质报审	1 竣工文件审查签字页 2 ××光伏项目集电线路工程承包单位资质报审及附件 3 ××光伏项目集电线路工程项目部管理人员资质报审及附件（包含项目经理任命书、项目部启用项目印章的通知） 4 ××光伏项目集电线路工程特种作业人员资质报审及附件 5 ××光伏项目集电线路工程主要测量计量器具检验报审及附件 6 ××光伏项目集电线路工程主要施工机械进场报审及附件	图45
0011-830-007	××光伏项目集电线路工程质量验收划分表、强条、施工图会检、进度计划、安全预案报审	1 竣工文件审查签字页 2 ××光伏项目集电线路工程质量验收项目划分表报审及附件 3 ××光伏项目集电线路工程强条及技术规范清单报审及附件 4 ××光伏项目集电线路工程施工图会检记录 5 ××光伏项目集电线路工程达标投产实施细则及实施检查记录报审及附件 6 ××光伏项目集电线路工程进度网络计划、工程节点、进度计划调整文件报审 7 ××光伏项目集电线路工程危险源、环境因素辨识与评价措施报审及附件 8 ××光伏项目集电线路工程安全预案报审及附件	

档案号	案卷题名	卷内题目	图例
0011-830-008 （图48）	××光伏项目集电线路工程施工方案报审	1 ××光伏项目集电线路工程基础施工报审及附件 2 ××光伏项目集电线路工程组塔施工方案报审及附件 3 ××光伏项目集电线路工程放线施工方案报审及附件 4 ××光伏项目集电线路工程架空施工方案报审及附件 5 ××光伏项目集电线路工程带电跨越高处作业施工方案报审及附件 6 ××光伏项目集电线路工程重大起重设备、运输作业方案报审及附件 7 ××光伏项目集电线路工程施工用电方案报审及附件 8 ××光伏项目集电线路工程绿色施工、节能减排方案报审及附件 9 ××光伏项目集电线路工程安全文明施工策划方案报审及附件 10 ××光伏项目集电线路工程未使用国家明令禁止的技术、材料、设备及半成品报审及附件	××光伏项目光伏发电单元工程 **竣工文件审查签字页** 施工单位　　　　　2022年7月26日 监理单位　　　　　2022年7月26日 建设单位　　　　　　年　月　日 图46
0011-830-009	××光伏项目升压站建安工程施工组织设计报审	1 竣工文件审查签字页 2 ××光伏项目升压站建安工程施工组织设计报审及附件	
0011-830-010	××光伏项目升压站建安工程承包单位、管理人员资质、测量器具检验、施工机械资质报审	1 竣工文件审查签字页 2 ××光伏项目升压站建安工程承包单位资质报审及附件 3 ××光伏项目升压站建安工程项目部管理人员资质报审及附件（包含项目经理任命书、项目部启用项目印章的通知） 4 ××光伏项目升压站建安工程特种作业人员资质报审及附件 5 ××光伏项目升压站建安工程主要测量器具检验报审及附件 6 ××光伏项目升压站建安工程主要施工机械进场报审及附件	

档案号	案卷题名	卷内题目	图例
0011-830-011 (图49)	××光伏项目升压站建安工程质量验收划分表、强条、施工图会检、进度计划、安全预案报审	1 竣工文件审查签字页 2 ××光伏项目升压站建安工程质量验收项目划分表报审及附件 3 ××光伏项目升压站建安工程强条及技术规范清单报审及附件 4 ××光伏项目升压站建安工程施工图会检记录 5 ××光伏项目升压站建安工程达标投产实施细则及实施检查记录报审及附件 6 ××光伏项目升压站建安工程进度网络计划、工程节点、进度计划调整文件报审及附件 7 ××光伏项目升压站建安工程危险源、环境因素辨识与评价措施报审及附件 8 ××光伏项目升压站建安工程安全预案报审及附件	卷内备考表 档号：0011-830-002 互见号：0011-830G-001 说明： 本卷共 1 件，共 104 页，其中图纸共 0 张。 立卷人： 2022年7月28日 检查人： 2022年7月28日 图 47
0011-830-012	××光伏项目升压站建安工程施工方案报审	1 ××光伏项目升压站建安工程混凝土施工方案报审及附件 2 ××光伏项目升压站建安工程脚手架施工方案报审及附件 3 ××光伏项目升压站建安工程基坑开挖施工方案报审及附件 4 ××光伏项目升压站建安工程土建施工用电方案报审及附件 5 ××光伏项目升压站建安工程绿色施工、节能减排方案报审及附件 6 ××光伏项目升压站建安工程安全文明施工策划方案报审及技术交底记录 7 ××光伏项目升压站建安工程未使用国家明令禁止的技术、材料、设备及半成品报审及附件	

档案号	案卷题名	卷内题目	图例
0011-830-013	××光伏项目道路工程施工组织设计报审	1 竣工文件审查签字页 2 ××光伏项目道路工程施工组织设计报审	
0011-830-014	××光伏项目道路工程承包单位、管理人员资质、测量器具检测、施工机械资质报审	1 竣工文件审查签字页 2 ××光伏项目道路工程承包单位资质报审及附件 3 ××光伏项目道路工程项目部管理人员资质报审及附件（包含项目经理任命书、项目部启用项目印章的通知） 4 ××光伏项目道路工程特种作业人员资质报审及附件 5 ××光伏项目道路工程主要测量器具检验报审及附件 6 ××光伏项目道路工程主要施工机械进场报审及附件	××光伏项目（××8MW）35kV集电线路工程施工组织设计 编制： 审核： 批准： ×××××第五工程局有限公司 2014年07月06日 图48
0011-830-015	××光伏项目道路工程质量验收划分表、强条、施工图会检、进度计划、安全预案报审	1 竣工文件审查签字页 2 ××光伏项目道路工程质量验收项目划分表报审及附件 3 ××光伏项目道路工程强条及技术规范清单报审及附件 4 ××光伏项目道路工程施工图会检记录 5 ××光伏项目道路工程达标投产实施细则及实施检查记录报审及附件 6 ××光伏项目道路工程进度网络计划、工程节点、进度计划调整文件报审及附件 7 ××项目道路工程危险源、环境因素辨识与评价措施报审及附件 8 ××项目道路工程安全预案报审及附件	

档案号	案卷题名	卷内题目	图例
0011-830-016	××光伏项目道路工程施工方案报审	1 竣工文件审查签字页 2 ××光伏项目道路工程路基、路面施工方案报审及附件 3 ××光伏项目道路工程施工用电方案报审及附件 4 ××光伏项目道路工程绿色施工、节能减排方案报审及附件 5 ××光伏项目道路工程安全文明施工策划方案报审及附件 6 ××光伏项目道路工程未使用国家明令禁止的技术、材料、设备及半成品报审及附件录	××光伏项目（××8MW）升压站建安工程质量验收项目划分表 编制：_____ 审核：_____ 批准：_____
0011-830-017	××光伏项目××工程变更及材料代用	1 竣工文件审查签字页 2 ××光伏项目××工程变更申请单 3 ××光伏项目××工程变更执行单 4 ××光伏项目××工程材料代用审批单	图49

9.2 光伏发电单元施工工程（分类号8310～8312）

光伏发电单元单位工程：1-N号光伏子阵子单位工程（箱变为一个光伏子阵），包含土建和安装分部工程。

土建分部工程：支架基础、汇流箱基础、逆变器基础、箱变基础分部工程。

安装分部工程：支架安装、组件安装、汇流箱安装、逆变器安装、箱变安装、数据采集柜安装、电缆工程、防雷与接地安装分部工程。

档案号	案卷题名	卷内题目	图例
0011-8310-001	××光伏项目发电单元工程商品混凝土、钢筋、电力电缆进场报审、供应商资质报审	1 竣工文件审查签字页 2 ××光伏项目光伏发电单元工程商品混凝土进场报审及附件 3 ××光伏项目光伏发电单元工程钢筋进场报审及附件 4 ××光伏项目光伏发电单元工程电力电缆进场报审及附件 5 ××光伏项目光伏单元工程供应商资质报审及附件	档　号：0011-8331-001 ××光伏项目架空线路子单位工程开工报告、土石方工程分部测量记录、强条记录、质量验评记录 立卷单位　××龙源××有限公司 起止日期　20230315-20230428 保管期限　30年 密级 图50
	××光伏项目光伏发电单元工程定位测量、放线、复核记录	××光伏项目光伏发电单元工程定位测量、放线、复核记录	

档案号	案卷题名	卷内题目	图例
0011-8311-001	××光伏项目1号光伏子阵工程开工报审、土建分部工程施工记录、强条执行记录、质量验评记录	1 竣工文件审查签字页 2 ××光伏项目1号光伏子阵工程开工报审及附件 3 ××光伏项目1号光伏子阵工程基础定位测量、放线记录及测量记录 4 ××光伏项目1号光伏子阵工程混凝土施工记录及试块强度试验报告 5 ××光伏项目1号光伏子阵工程钢筋施工记录及连接强度试验报告 6 ××光伏项目1号光伏子阵工程强条执行记录 7 ××光伏项目1号光伏子阵工程隐蔽工程验收记录 8 ××光伏项目光伏发电单元单位工程质量报审 9 ××光伏项目1号光伏子阵子单位工程质量验收报审 10 ××光伏项目1号光伏子阵工程支架基础分部、分项、检验批工程质量验收报审及记录 11 ××光伏项目1号光伏子阵工程汇流箱基础分部、分项、检验批工程质量验收报审及记录 12 ××光伏项目1号光伏子阵工程逆变器基础分部、分项、检验批工程质量验收报审及记录 13 ××光伏项目1号光伏子阵工程箱变基础分部、分项、检验批工程质量验收报审及记录	图51
0011-8311-00N	××光伏发电项目N号光伏子阵工程开工报审、土建分部工程施工记录、强条执行记录、质量验评记录	参照0011-8311-001	

档案号	案卷题名	卷内题目	图例
0011-8312-001	××光伏项目1号光伏子阵安装分部工程开工报审、施工记录、强条执行记录、质量验评记录	1 审查文件签字页 2 ××光伏项目1号光伏子阵安装分部工程开工报审及附件 3 ××光伏项目1号光伏子阵支架安装记录（支架垂直度、角度偏差，方位角偏差测量记录，支架动作方向、角度、限位、跟踪精度、避风功能、避雪功能、自动复位功能调试记录） 4 ××光伏项目1号光伏子阵组件安装记录（组件倾斜角度偏差测量记录，接地检查记录，组件边缘高度差测量记录，组串开路电压、短路电流测量记录） 5 ××光伏项目1号光伏子阵逆变器安装记录（施工安装记录、逆变器外观、主要元器件、控制电源、接线接地检查记录、手动分合闸检查记录） 6 ××光伏项目1号光伏子阵箱变安装记录（施工安装记录、绝缘油试验报告、温控仪校验报告） 7 ××光伏项目1号光伏子阵电缆工程施工记录（电缆沟开挖及回填记录、电缆桥架制安记录、电缆敷设、终端及中间接头制作记录、电缆防火施工记录、隐蔽工程验收记录） 8 ××光伏项目1号光伏子阵防雷与接地安装记录（接地开挖及回填记录、隐蔽工程验收记录） 9 ××光伏项目1号光伏子阵安装分部工程强条执行记录 10 ××光伏项目1号光伏子阵安装分部工程隐蔽工程验收记录	××光伏项目架空线路子单位工程 **竣工文件审查签字页** 施工单位 [印章] 2023年7月18日 监理单位 [印章] 2023年7月18日 建设单位 [印章] 2023年7月18日 图52

档案号	案卷题名	卷内题目	图例
0011-8312-001	××光伏项目1号光伏子阵安装分部工程开工报审、施工记录、强条执行记录、质量验评记录	11 ××光伏项目1号子阵支架安装分部、分项工程质量验收申请及记录 12 ××光伏项目1号子阵组件安装分部、分项工程质量验收申请及记录 13 ××光伏项目1号子阵汇流箱安装分部、分项工程质量验收申请及记录 14 ××光伏项目1号子阵逆变器安装分部、分项工程质量验收申请及记录 15 ××光伏项目1号子阵箱变安装分部、分项工程质量验收申请及记录 16 ××光伏项目1号子阵数据采集柜安装分部、分项工程质量验收申请及记录 17 ××光伏项目1号子阵电缆分部、分项工程质量验收申请及记录 18 ××光伏项目1号子阵防雷与接地安装分部、分项工程质量验收申请及记录	卷内备考表 档号：0011-8331-001 互见号：0011-833G-001 说明： 本卷共1件，共148页，其中图纸共0张。 立卷人： 2023年7月18日 检查人： 2023年7月18日
0011-8312-00N	××光伏项目N号光伏子阵安装分部工程开工报审、施工记录、强条执行记录、质量验评记录	参考0011-8312-00N	图53

9.3 集电线路工程（分类号8330、8331）

架空线路和电缆工程两个子单位工程，内容多可按照子单位工程整理、分部组卷。
架空线路：包含土石方工程、基础工程、杆塔工程、架线工程、接地工程、线路防护设施六个分部。
电缆工程包括：电缆线路施工、电气设备安装、接地工程三个分部。

档案号	案卷题名	卷内题目	图例
0011-8330-001	××光伏项目集电线路工程钢筋、铁塔、光缆进场报审、供应商资质报审	1 竣工文件审查签字页 2 ××光伏项目集电线路工程钢筋进场报审及附件 3 ××光伏项目集电线路工程商品混凝土进场报审及附件 4 ××光伏项目集电线路工程铁塔进场报审及附件 5 ××光伏项目集电线路工程光缆进场报审及附件 6 ××光伏项目集电线路工程绝缘子和金具进场报审及附件 7 ××光伏项目集电线路工程导线进场报审及附件 8 ××光伏项目集电线路工程接地材料进场报审及附件 9 ××光伏项目集电线路工程跌落保险、避雷器、隔离开关进场报审及附件 10 ××光伏项目集电线路工程电缆线路报审及附件（电缆终端及中间头、电缆连接箱、电缆、接地材料、保护盖板、标志桩、避雷器）进场报审及附件 11 ××光伏项目集电线路工程供应商资质报审及附件	图54
0011-8330-002	××光伏项目集电线路工程施工定位测量记录	1 ××光伏项目集电线路工程定位测量、放线、复核记录 2 ××光伏项目集电线路工程路径复测、分坑、施工基面测量	

45

档案号	案卷题名	卷内题目	图例
0011-8331-001 （图50～图58）	××光伏项目架空线路子单位工程开工报告、土石方工程分部测量记录、强条执行记录、质量验评记录	1 审查文件签字页 2 ××光伏项目架空线路子单位工程开工报审 3 ××光伏项目架空线路工程定位测量放线记录、施工测量记录 4 ××光伏项目架空线路工程土石方工程强条执行记录 5 ××光伏项目架空线路工程子单位工程质量验收报审 6 ××光伏项目架空线路工程土石方工程质量验收申请及记录 7 ××光伏项目架空线路工程路径复测分项工程质量验收申请及记录（按单元顺序排列） 8 ××光伏项目架空线路工程普通基础分坑及开挖分项工程质量验收申请及记录 9 ××光伏项目架空线路工程施工基面及电气开方分项工程质量验收申请及记录	档　号：0011-8331-001 ××光伏项目架空线路子单位工程开工报告、土石方工程分部测量记录、强条记录、质量验评记录 立卷单位　××龙源××有限公司 起止日期　20230315-20230428 保管期限　　30年 密　级 图55
0011-8331-002	××光伏项目架空线路工程基础工程分部施工记录、强条执行记录、质量验评记录	1 审查文件签字页 2 ××光伏项目架空线路工程基础开挖、浇筑记录 3 ××光伏项目架空线路工程混凝土施工记录及试块检验报告 4 ××光伏项目架空线路工程钢筋施工记录及检验报告报审 5 ××光伏项目架空线路工程基础工程强条执行记录 6 ××光伏项目架空线路工程基础工程分部质量验收申请及记录 7 ××光伏项目架空线路工程现浇铁塔基础施工分项工程质量验收申请及记录	

档案号	案卷题名	卷内题目	图例
0011-8331-003	××光伏项目架空线路工程杆塔工程组立记录、强条执行记录、质量验评记录	1 审查文件签字页 2 ××光伏项目架空线路工程杆塔组立记录 3 ××光伏项目架空线路工程杆塔工程强条执行记录 4 ××光伏项目架空线路工程杆塔工程分部工程质量验收申请及记录 5 ××光伏项目架空线路工程自立式杆塔组立分项工程质量验收申请及记录	图56
0011-8331-004	××光伏项目架空线路工程架线工程施工记录、强条执行记录、质量验评记录	1 审查文件签字页 2 ××光伏项目架空线路工程导地线张放记录 3 ××光伏项目架空线路工程绝缘子（串）交流耐压试验记录 4 ××光伏项目架空线路工程导线压接试验报告、光缆溶解耗损测试报告、光缆接续明细表 5 ××光伏项目架空线路工程架线工程强条执行记录 6 ××光伏项目架空线路工程架线工程分部工程质量验收申请及记录 7 ××光伏项目架空线路工程导线、地线展放分项工程质量验收申请及记录（按单元顺序） 8 ××光伏项目架空线路工程导线、地线压接管施工分项工程质量验收申请及记录 9 ××光伏项目架空线路工程紧线分项工程质量验收申请及记录 10 ××光伏项目架空线路工程附件安装分项工程质量验收申请及记录 11 ××光伏项目架空线路工程交叉跨越分项工程质量验收申请及记录	

47

档案号	案卷题名	卷内题目	图例
0011-8331-005	××光伏项目架空线路工程接地工程施工记录、强条执行记录、质量验评记录	1 审查文件签字页 2 ××光伏项目架空线路工程接地装置施工记录 3 ××光伏项目架空线路工程接地电阻测试报告 4 ××光伏项目架空线路工程接地工程强条执行记录 5 ××光伏项目架空线路工程隐蔽工程验收记录 6 ××光伏项目架空线路工程接地工程分部工程质量验收申请及记录 7 ××光伏项目架空线路工程水平接地装置施工分项（单元）工程质量验收申请及记录 8 ××光伏项目架空线路工程垂直接地装置施工分项（单元）工程质量验收申请及记录	××光伏项目架空线路子单位工程 **竣工文件审查签字页** 图 57
0011-8331-006	××光伏项目架空线路施工工程线路防护设施强条执行记录、质量验评记录	1 审查文件签字页 2 ××光伏项目架空线路施工工程线路参数测试报告 3 ××光伏项目架空线路施工工程线路防护设施工程强条执行记录 4 ××光伏项目架空线路施工工程线路防护设施工程分部工程质量验收申请及记录 5 ××光伏项目架空线路施工工程线路防护设施施工工程分项工程质量验收申请及记录（处） 6 ××光伏项目架空线路工程基础护坡或防洪堤分项工程质量验收申请及记录 7 ××光伏项目架空线路工程线路相位标志分项工程质量验收申请及记录	

9.4 电缆工程（场区配网）（分类号8331）

N个子单位工程：A、B、C回路，电缆工程包括：电缆线路施工、电气设备安装、接地工程三个分部。

档案号	案卷题名	卷内题目	图例
0011-8331-007	××光伏项目A回路电缆工程子单位工程开工报审、施工记录、强条执行记录、质量验评记录	1 审查文件签字页 2 ××光伏项目A回路电缆工程子单位工程开工报审 3 ××光伏项目A回路电缆工程定位测量记录 4 ××光伏项目A回路电缆工程电缆沟开挖及回填记录 5 ××光伏项目A回路电缆工程电缆桥架制安记录 6 ××光伏项目A回路电缆工程电缆敷设、终端及中间接头制作记录 7 ××光伏项目A回路电缆工程电缆防火施工记录 8 ××光伏项目A回路电缆工程强条执行记录 9 ××光伏项目A回路电缆工程隐蔽工程验收记录 10 ××光伏项目A回路电缆工程子单位工程质量报审 11 ××光伏项目A回路电缆线路施工分部工程质量验收申请及记录 12 ××光伏项目A回路电缆沟制作分项工程质量验收申请及记录 13 ××光伏项目A回路电缆管配置及敷设分项工程质量验收申请及记录 14 ××光伏项目A回路电缆光缆敷设分项工程质量验收申请及记录 15 ××光伏项目A回路电缆附件制作及安装分项质量验收申请及记录 16 ××光伏项目A回路电缆防火与阻燃分项工程质量验收申请及记录	卷内备考表 档号：0011-8331-001 互见号：0011-833G-001 说明： 本卷共1件，共148页，其中图纸共0张。 立卷人： 2023年7月18日 检查人： 2023年7月18日 图58

档案号	案卷题名	卷内题目	图例
0011-8331-007	××光伏项目A回路电缆工程子单位工程开工报审、施工记录、强条执行记录、质量验评记录	17××光伏项目A回路电缆工程电气设备安装分部（中间箱安装）、分项（单元）工程质量验收申请及记录 18××光伏项目场A回路电缆工程接地装置安装分部、分项工程质量验收申请及记录	
0011-8331-008	B、C回路参照A回路	B、C回路参照A回路	

9.5 升压站土建工程（分类号8340、8341）

设备基础子单位工程：主变构架及防火墙基础、主变基础及主变油池、独立避雷针基础、预制舱基础、配电室构架基础及安装、无功电抗器基础、站用变及备用变基础分部工程。

附属工程子单位工程：站区给水、排水、全站电气照明、场地平整分部工程。

档案号	案卷题名	卷内题目	图例
0011-8340-001	××光伏项目升压站土建工程商品混凝土、钢筋进场报审、供应商资质报审	1××光伏项目升压站土建工程商品混凝土进场报审及附件 2××光伏项目升压站土建工程钢筋进场报审及附件 3××光伏项目升压站土建工程供应商资质报审及附件	档　号：0011-8341-001 ××光伏项目升压站土建工程设备基础子单位工程开工报审、施工和强条记录、主变构架及防火墙基础、主变基础及主变油池、独立避雷针基础、预制舱基础分部、分项、检验批工程质量验收记录 立卷单位　××龙源××有限公司 起止日期　20230216-20230313 保管期限　30年 密　级 图59
0011-8340-002	××光伏项目全场沉降观测记录与报告	××光伏项目全场沉降观测记录与报告	

档案号	案卷题名	卷内题目	图例
0011-8341-001 (图59～图61)	××项目升压站土建工程设备基础子单位工程开工报告、施工和强条执行记录、主变构架及防火墙基础、主变基础及主变油池、独立避雷针基础、预制舱基础分部、分项、检验批质量验收申请及记录	1 审查文件签字页 2 ××项目升压站土建工程设备基础子单位工程开工报告 3 ××项目升压站土建工程设备基础定位测量、放线及测量记录 4 ××项目升压站土建工程设备基础施工记录及见证试验报告（混凝土试块及钢筋强度检测报告） 5 ××项目升压站土建工程设备基础隐蔽工程验收记录 6 ××项目升压站土建工程设备子单位工程强条执行记录 7 ××项目升压站土建工程单位工程质量报审 8 ××项目升压站土建工程设备基础子单位工程质量报审 9 ××项目升压站土建工程主变构架及防火墙基础分部、分项、检验批质量验收申请及记录 10 ××项目升压站土建工程主变基础及主变油池分部、分项、检验批质量验收申请及记录 11 ××项目升压站土建工程独立避雷针基础分部、分项、检验批质量验收申请及记录 12 ××项目升压站土建工程预制舱基础安装分部、分项、检验批质量验收申请及记录	图60

51

档案号	案卷题名	卷内题目	图例
0011-8341-002	××项目升压站土建工程配电室构架基础、无功电抗器基础、站用变及备用变基础分部、分项、检验批工程质量验收记录	1 审查文件签字页 2 ××项目升压站土建工程配电室构架基础分部、分项、检验批质量验收申请及记录 3 ××项目升压站土建工程无功电抗器基础分部、分项、检验批质量验收申请及记录 4 ××项目升压站土建工程站用变及备用变基础分部、分项、检验批质量验收申请及记录	
0011-8341-003	××项目升压站土建工程附属工程子单位工程开工报审、施工和强条执行记录、质量验评记录	1 审查文件签字页 2 ××项目升压站土建工程附属工程子单位开工报审 3 ××项目升压站土建工程附属工程子单位定位测量、放线及测量记录 4 ××项目升压站土建工程附属工程混凝土施工记录及试验报告（混凝土试块及钢筋强度检测报告） 5 ××项目升压站土建工程附属工程子单位工程强条执行记录 6 ××项目升压站土建工程附属工程子单位隐蔽工程验收记录 7 ××项目升压站土建工程室附属工程子单位工程质量报审 8 ××项目升压站土建工程站区给水、排水分部、分项、检验批质量验收申请及记录 9 ××项目升压站土建工程全站电气照明分部、分项、检验批质量验收申请及记录 10 ××项目升压站土建工程场地平整分部、分项、检验批质量验收申请及记录	图 61

9.6 升压站电气安装工程（分类号 8342、835）

10个子单位工程：(1) 主变压器系统设备安装；(2) 主控及直流设备安装；(3) ×××kV配电装置安装；(4) 封闭式组合电器安装；(5) ×××kV及站用配电装置安装；(6) 无功补偿装置安装；(7) 全站电缆施工；(8) 全站防雷及接地装置安装；(9) 全站电气照明装置安装；(10) 通信系统设备安装。

档案号	案卷题名	卷内题目	图例
0011-8342-001 (图62～图70)	××项目升压站电气安装工程主变压器系统设备安装子单位工程开工报审、安装记录、强条执行记录、质量验评记录	1 审查文件签字页 2 ××项目升压站电气安装工程主变压器系统设备安装子单位工程开工报审 3 ××项目升压站电气安装工程变压器运输冲击记录 4 ××项目升压站电气安装工程变压器破氮前氮气压力检查记录 5 ××项目升压站电气安装工程主变压器安装及器身检查记录 6 ××项目升压站电气安装工程主变压器冷却器密封试验报告 7 ××项目升压站电气安装工程主变压器真空注油及密封试验报告 8 ××项目升压站电气安装工程主变压器绝缘油试验报告、气体继电器检验报告、压力释放阀检验报告、温控仪校验报告 9 ××项目升压站电气安装工程主变压器中心点设备安装记录 10 ××项目升压站电气安装工程主变压器安装强条执行记录 11 ××项目升压站电气安装单位工程质量收验报审	档　号： 0011-8342-001 ××项目升压站电气安装工程主变压器系统设备安装子单位工程开工报审、安装记录、强条执行记录、质量验评记录 立卷单位　××龙源××有限公司 起止日期　20221009-20221216 保管期限　30年 密　级　 图62

档案号	案卷题名	卷内题目	图例
0011-8342-001	××项目升压站电气安装工程主变压器系统设备安装子单位工程开工报审、安装记录、强条执行记录、质量验评记录	12 ××项目升压站电气安装工程主变压器系统设备安装子单位工程质量验收申请表及记录 13 ××项目升压站电气安装工程主变压器安装分部、分项工程质量验收申请表及记录 14 ××项目升压站电气安装工程主变压器系统附属设备安装分部、分项工程质量验收申请表及记录 15 ××项目升压站电气安装工程主变压器带电试运签证	图63
0011-8342-002	××项目升压站电气安装工程主控及直流设备安装子单位工程开工报审、安装记录、强条执行记录、质量验评记录	1 审查文件签字页 2 ××项目升压站电气安装工程主控及直流设备安装子单位工程开工报审 3 ××项目升压站电气安装工程主控及直流电源系统设备安装记录（含蓄电池安装记录、蓄电池组充放电特性曲线） 4 ××项目升压站电气安装工程主控及直流设备安强条执行记录 5 ××项目升压站电气安装工程主控及直流设备安装子单位工程质量验收报审 6 ××项目升压站电气安装工程主控室设备安装分部、分项工程质量验收申请表及记录 7 ××项目升压站电气安装工程蓄电池组安装分部、分项工程质量验收申请表及记录	

档案号	案卷题名	卷内题目	图例
0011-8342-003	××项目升压站电气安装工程××kV配电装置安装子单位工程开工报审、安装记录、强条执行记录、质量验评记录	1 审查文件签字页 2 ××项目升压站电气安装工程××kV配电装置安装子单位工程开工报审 3 ××项目升压站电气安装工程××kV配电装置开关柜安装及调整记录 4 ××项目升压站电气安装工程××kV配电装置安装强条执行记录 5 ××项目升压站电气安装工程××kV配电装置子单位工程质量验收报审 6 ××项目升压站电气安装工程××kV配电装置安装分部、分项工程质量验收申请表及记录 7 ××项目升压站电气安装工程××kV配电装置带电试运签证	××项目升压站电气安装工程 竣工文件审查签字页 图64
0011-8342-004	××项目升压站电气安装工程封闭式组合电器安装子单位工程开工报审、安装记录、强条执行记录、质量验评记录	1 审查文件签字页 2 ××项目升压站电气安装工程封闭式组合电器安装子单位工程开工报审 3 ××项目升压站电气安装工程封闭式组合电器SF_6气体抽样检查试验报告 4 ××项目升压站电气安装工程封闭式组合电器隔气室气体密封及湿度检测报告 5 ××项目升压站电气安装工程封闭式组合电器密度继电器校验报告	

档案号	案卷题名	卷内题目	图例
0011-8342-004	××项目升压站电气安装工程封闭式组合电器安装子单位工程开工报审、安装记录、强条执行记录、质量验评记录	6 ××项目升压站电气安装工程封闭式组合电器出线侧避雷器及电压互感器安装记录 7 ××项目升压站电气安装工程封闭式组合电器安装强条执行记录 8 ××项目升压站电气安装工程封闭式组合电器安装子单位工程质量验收报审 9 ××项目升压站电气安装工程封闭式组合电器检查安装分部、分项工程验收申请及记录 10 ××项目升压站电气安装工程封闭式组合电器配套设备安装分部、分项工程质量验收申请及记录 11 ××项目升压站电气安装工程封闭式组合电器就地控制设备安装分部、分项工程质量验收申请及记录 12 ××项目升压站电气安装工程封闭式组合电器设备带电试运签证	卷内备考表 档号：0011-8342-001 互见号：0011-834G-001 说明： 本卷共 1 件，共 130 页，其中图纸共 0 张。 立卷人： 2023年7月18日 检查人： 2023年7月18日 图 65
0011-8342-005	××项目升压站电气安装工程×××kV及站用配电装置安装子单位工程开工报审、安装记录、强条执行记录、质量验评记录	1 审查文件签字页 2 ××项目升压站电气安装工程×××kV及站用配电装置安装子单位工程开工报审 3 ××项目升压站电气安装工程站用配电装置安装高低压开关柜安装及调整记录 4 ××项目升压站电气安装工程站用配电装置气体继电器、温控仪校验报告和绝缘油试验报告 5 ××项目升压站电气安装工程站用配电装置安装强条执行记录	

档案号	案卷题名	卷内题目	图例
0011-8342-005	××项目升压站电气安装工程×××kV及站用配电装置安装子单位工程开工报审、安装记录、强条执行记录、质量验评记录	6××项目升压站电气安装工程站用配电装置安装子单位程质量验收报审 7××项目升压站电气安装工程站用配电装置工作变压器安装分部、分项工程质量验收申请及记录 8××项目升压站电气安装工程站用配电装置备用变压器安装分部、分项工程质量验收申请及记录 9××项目升压站电气安装工程站用配电装置××kV配电柜安装分部、分项工程质量验收申请及记录 10××项目升压站电气安装工程站用配电装置站用低压配电装置安装分部、分项工程质量验收申请及记录 11××项目升压站电气安装工程站用配电装置带电试运签证	图66
0011-8342-006	××项目升压站电气安装工程无功补偿装置安装子单位工程开工报审、安装记录、强条执行记录、质量验评记录	1 审查文件签字页 2××项目升压站电气安装工程无功补偿装置安装子单位工程开工报审 3××项目升压站电气安装工程无功补偿装置安装安装记录 4××项目升压站电气安装工程无功补偿装置安装强条执行记录 5××项目升压站电气安装工程无功补偿装置安装子单位工程质量验收报审 6××项目升压站电气安装工程无功补偿装置安装分部、分项工程质量验收申请及记录 7××项目升压站电气安装工程无功补偿装置带电试运签证	

57

档案号	案卷题名	卷内题目	图例
0011-8342-007	××项目升压站电气安装工程全站电缆子单位工程开工报审、安装记录、强条执行记录、质量验评记录	1 审查文件签字页 2 ××项目升压站电气安装工程全站电缆子单位工程开工报审 3 ××项目升压站电气安装工程电缆敷设、终端及中间接头制作记录 4 ××项目升压站电气安装工程电缆防火施工记录 5 ××项目升压站电气安装工程隐蔽工程验收签证 6 ××项目升压站电气安装工程电缆施工强条执行记录 7 ××项目升压站电气安装工程全站电缆子单位工程质量验收报审 8 ××项目升压站电气安装工程电缆管配置及敷设分部、分项工程质量验收申请及记录 9 ××项目升压站电气安装工程电缆架制作及安装分部、分项工程质量验收申请及记录 10 ××项目升压站电气安装工程电缆敷设分部、分项工程质量验收申请及记录 11 ××项目升压站电气安装工程电缆终端及中间接头制作分部、分项工程质量验收申请及记录 12 ××项目升压站电气安装工程控制电缆终端制作及安装分部、分项工程质量验收申请及记录 13 ××项目升压站电气安装工程35kV及以上电缆线路施工分部、分项工程质量验收申请及记录 14 ××项目升压站电气安装工程控制电缆防火与阻燃分部、分项工程质量验收申请及记录	图 67

档案号	案卷题名	卷内题目	图例
0011-8342-008	××项目升压站电气安装工程全站防雷及接地装置安装子单位工程开工报审、安装记录、强条执行记录、质量验评记录	1 审查文件签字页 2 ××项目升压站电气安装工程全站防雷及接地装置安装子单位工程开工报审 3 ××项目升压站电气安装工程接地开挖及回填记录 4 ××项目升压站电气安装工程接地体敷设及焊接记录 5 ××项目升压站电气安装工程独立避雷针接地电阻测试记录 6 ××项目升压站电气安装工程隐蔽工程验收签证 7 ××项目升压站电气安装工程全站防雷及接地装置安装施工强条执行记录 8 ××项目升压站电气安装工程全站防雷及接地装置防雷接地子单位工程质量验收报审 9 ××项目升压站电气安装工程避雷针及引下线安装分部、分项工程质量验收申请及记录 10 ××项目升压站电气安装工程接地装置安装分部、分项工程质量验收申请及记录	图68
0011-8342-009	××项目升压站电气安装工程全站电气照明装置安装子单位工程开工报审、安装记录、强条执行记录、质量验评记录	1 审查文件签字页 2 ××项目升压站电气安装工程全站电气照明装置安装子单位开工报审 3 ××项目升压站电气安装工程全站电气照明装置安装记录 4 ××项目升压站电气安装工程全站照明装置安装强条执行记录	

档案号	案卷题名	卷内题目	图例
0011-8342-009	××项目升压站电气安装工程全站电气照明装置安装子单位工程开工报审、安装记录、强条执行记录、质量验评记录	5 ××项目升压站电气安装工程全站电气照明装置安装隐蔽工程验收记录 6 ××项目升压站电气安装工程全站电气照明装置安装子单位工程质量验收报审 7 ××项目升压站电气安装工程全站电气照明装置安装分部、分项工程质量验收申请及记录	图69
0011-8342-010	××项目升压站电气安装工程通信系统设备安装子单位工程开工报审、安装记录、强条执行记录、质量验评记录	1 审查文件签字页 2 ××项目升压站电气安装工程通信系统设备安装子单位工程开工报审 3 ××项目升压站电气安装工程通信系统设备安装记录 4 ××项目升压站电气安装工程光纤熔接损耗测试报告 5 ××项目升压站电气安装工程全站通信设备安装强条执行记录 6 ××项目升压站电气安装工程通信系统设备安装子单位工程质量验收报审 7 ××项目升压站电气安装工程通信系统安装分部、分项单位工程质量验收申请及记录 8 ××项目升压站电气安装工程通信蓄电池设备安装分部、分项单位工程质量验收申请及记录 9 ××项目升压站电气安装工程通信系统接地分部、分项单位工程质量验收申请及记录	

档案号	案卷题名	卷内题目	图例
0011-835-001	××项目消防分部工程开工报告、施工记录、质量验评记录（如消防部门要求做，可以参考）	1 审查文件签字页 2 ××项目消防分部工程开工报告 3 ××项目消防分部工程管道安装、焊接及打压记录 4 ××项目消防分部工程水泵安装、调试记录 5 ××项目消防分部工程防火材料报审及记录 6 ××项目消防分部工程火灾报警系统设备安装记录 7 ××项目消防分部工程火警系统联调试验报告 8 ××项目消防分部工程质量验收记录 9 项目消防工程分部工程主变压器消防系统安装、调试、验收报告 10 项目消防工程分部工程质量验收报审	图70

9.7 道路及附属工程（分类号 836～838）

1～N 条子单位道路工程：路基、路面、排水沟、涵洞、桥梁、交通标志分部工程。

附属工程：（1）场内、外排洪分部工程（分类号 837）；（2）围栏分部工程、绿化分部（分类号 838）。

档案号	案卷题名	卷内题目	图例
0011-836-001 （图71～图73）	××项目道路工程排水管、商品混凝土进场报审、供应商资质报审	1 竣工文件审查签字页 2 ××项目道路工程排水管进场报审及附件 3 ××项目道路工程商品混凝土进场报审及附件 4 ××项目道路工程供应商资质报审及附件	

档案号	案卷题名	卷内题目	图例
0011-836-002	××光伏项目Ⅰ标段道路工程子单位开工报审、施工记录、强条执行记录、质量验评记录	1 审查文件签字页 2 ××光伏项目Ⅰ标段道路工程子单位工程开工报审 3 ××光伏项目Ⅰ标段道路工程施工记录（路基密实度报告） 4 ××光伏项目Ⅰ标段道路工程隐蔽工程验收记录 5 ××光伏项目道路单位工程质量报审 6 ××光伏项目Ⅰ标段道路工程子单位工程验收报审 7 ××光伏项目Ⅰ标段道路工程路基分部工程质量验收申请及记录 8 ××光伏项目Ⅰ标段道路工程路基定位放线分项、检验批工程质量验收申请及记录 9 ××光伏项目Ⅰ标段道路路基土石方开挖分项、检验批工程质量验收申请及记录 10 ××光伏项目Ⅰ标段道路工程路基土石方回填分项、检验批工程质量验收申请及记录 11 ××光伏项目Ⅰ标段道路工程路面分部、分项、检验批工程质量验收申请及记录 12 ××光伏项目Ⅰ标段道路工程排水沟分部工程质量验收申请及记录 13 ××光伏项目Ⅰ标段道路排水沟土石方开挖分项、检验批工程质量验收申请及记录 14 ××光伏项目Ⅰ标段道路排水沟砌筑分项、检验批工程质量验收申请及记录 15 ××光伏项目Ⅰ标段道路排水挡墙分项、检验批工程质量验收申请及记录 16 ××光伏项目Ⅰ标段道路工程标志牌、里程牌安装分部工程验收申请及记录 17 ××光伏项目Ⅰ标段道路工程标志牌、里程牌安装分项、检验批工程质量验收申请及记录	档　号：0011-836-001 ××项目道路工程排水管、混凝土进场报审、供应商资质报审 立卷单位　××龙源××有限公司 起止日期　20220910-20220918 保管期限　30年 密　级 图71

档案号	案卷题名	卷内题目	图例
0011-836-003	××光伏项目道路工程涵洞分部工程施工记录、强条执行记录、质量验评记录	1 审查文件签字页 2 ××光伏项目道路工程涵洞分部工程开工报审 3 ××光伏项目道路工程涵洞分部工程施工记录 4 ××光伏项目道路工程涵洞分部工程隐蔽工程验收记录 5 ××光伏项目道路工程涵洞分部工程强条执行记录 6 ××光伏项目道路工程涵洞分部工程验收申请及记录 7 ××光伏项目道路工程涵洞分项、检验批工程质量验收申请及记录	卷内目录 档号：0011-836-001 图72
0011-836-004	××光伏项目道路工程桥梁分部工程施工记录、强条执行记录、质量验评记录	1 审查文件签字页 2 ××光伏项目道路工程桥梁分部工程开工报审 3 ××光伏项目道路工程桥梁分部工程施工记录 4 ××光伏项目道路工程桥梁分部、隐蔽工程验收记录 5 ××光伏项目道路工程桥梁分部工程强条执行记录 6 ××光伏项目道路工程桥梁分部工程验收申请及记录 7 ××光伏项目道路工程桥梁分项、检验批工程质量验收申请及记录	
0011-837-001	××光伏项目场内、外排洪分部工程施工记录、强条执行记录、质量验评记录（工程量大可以参考）	1 ××光伏项目内、外排洪分部工程开工报审 2 ××光伏项目内、外排洪分部工程施工记录 3 ××光伏项目内、外排洪分部工程隐蔽工程验收记录 4 ××光伏项目内、外排洪分部工程强条执行记录 5 ××光伏项目内、外排洪分部工程验收申请及记录 6 ××光伏项目内、外排洪分项、检验批工程质量验收申请及记录	

档案号	案卷题名	卷内题目	图例
0011-838-001	××光伏项目围栏分部工程开工报审、施工记录、强条执行记录、质量验评记录（工程量大可以参考）	1 审查文件签字页 2 ××光伏项目围栏分部工程开工报审 3 ××光伏项目围栏分部工程施工记录 4 ××光伏项目围栏分部工程隐蔽工程验收记录 5 ××光伏项目围栏分部工程强条执行记录 6 ××光伏项目围栏分部工程验收申请及记录 7 ××光伏项目围栏分项、检验批工程质量验收申请及记录	××光伏项目道路工程 竣工文件审查签字页 图73
0011-838-002	××光伏项目绿化分部工程开工报审、施工记录、强条执行记录、质量验评记录（工程量大可以参考）	1 审查文件签字页 2 ××光伏项目绿化分部工程开工报审 3 ××光伏项目绿化分部工程施工记录 4 ××光伏项目绿化分部工程隐蔽工程验收记录 5 ××光伏项目绿化分部工程强条执行记录 6 ××光伏项目绿化分部工程验收申请及记录 7 ××光伏项目绿化分项、检验批工程质量验收申请及记录	

10 调试试验与并网启动试运行文件内容及要求（分类号 840～842、844、845）

装订成册，按专业、阶段、系统组卷，检查盖章、签字是否齐全。

档案号	案卷题名	卷内题目	图例
0011-840-001	××光伏项目启动试运行方案、强条执行记录、电气保护定值、缺陷台账	1 ××光伏项目启动委员会成立文件、启动试运报告及验收鉴定书 2 ××光伏项目调试方案报审、技术交底记录 3 ××光伏项目调试与试验强条执行记录 4 ××光伏项目电气保护定值 5 ××光伏项目缺陷台账	图74
0011-841-001	××光伏项目一次设备试验报告、主接地网接地电阻测试方案及报告	1 审查文件签字页 2 ××光伏项目升压站一次设备试验报告 3 ××光伏项目主接地网接地电阻测试方案及报告	
0011-842-001	××光伏项目二次设备、通信设备调试报告	1 审查文件签字页 2 ××光伏项目升压站二次设备调试报告 3 ××光伏项目通信设备调试报告、记录	
0011-844-001	××光伏项目光伏发电单元调试、升压配电装置带电调试	1 审查文件签字页 2 ××光伏项目光伏发电单元调试 3 ××光伏项目保护传动试验报告 4 ××光伏项目监控系统调试方案及报告 5 ××光伏项目升压配电装置带电调试	
0011-845-001	××光伏项目涉网及性能试验方案、报告	1 ××光伏项目涉网及特殊试验方案、报告 2 ××光伏项目性能试验方案、报告	

11 工程监理、设备监造文件内容及要求（分类号851、852）

装订成册，按文种结合专业组卷，检查盖章、签字是否齐全。

档案号	案卷题名	卷内题目	图例
0011-851-001 (图74～图78)	××光伏项目工程监理机构、监理单位、监理人员资质及检测仪器配置清单	1 审查文件签字页 2 ××光伏项目工程监理组织机构启用项目部公章的通知及总监任命通知书、工程监理质量承诺书 3 ××光伏项目工程监理单位资质 4 ××光伏项目工程监理人员资质 5 ××光伏项目工程监理检测仪器配置清单	档　号：0011 851 001 光伏项目工程监理企业资质及人员资质、监理大纲、监理规划报审表 立卷单位　　有限公司 起止日期　20201015－20201016 保管期限　　30年 密　级 图75
0011-851-002	××光伏项目工程监理大纲、监理规划、监理实施细则	1 审查文件签字页 2 ××光伏项目工程监理大纲 3 ××光伏项目工程监理规划 4 ××光伏项目工程监理实施细则	
0011-851-003	××光伏项目监理工程现场管理、见证取样送检、隐蔽工程验收、旁站管理制度	1 审查文件签字页 2 ××光伏项目工程监理机构内部管理制度 3 ××光伏项目工程职业健康安全与环境保护管理制度 4 ××光伏项目工程应急预案与响应制度 5 ××光伏项目工程资料、档案管理制度 6 ××光伏项目工程监理施工现场紧急情况处理和报告制度 7 ××光伏项目工程监理安全生产责任目标和安全管理制度 8 ××光伏项目工程危大项目管理制度 9 ××光伏项目工程见证取样送检制度 10 ××光伏项目工程隐蔽工程验收制度 11 ××光伏项目工程监理旁站管理制度	

档案号	案卷题名	卷内题目	图例
0011-851-004	××光伏项目工程监理项目划分表总表、标准清单目录、施工图会审记录	1 审查文件签字页 2 ××光伏项目工程监理项目划分汇总表 3 ××光伏项目工程监理标准清单目录 4 ××光伏项目工程监理交底及施工图会审记录 5 ××光伏项目工程达标投产和创优细则及检查记录 6 ××光伏项目工程绿色施工监理方案及检查记录	
0011-851-005	××光伏项目工程监理会议纪要、监理月报、监理周报	1 审查文件签字页 2 ××光伏项目工程监理会议纪要（第01～0N期） 3 ××光伏项目工程监理月报（第01～0N期） 4 ××光伏项目工程监理周报（第01～0N期） 5 ××光伏项目安全例会纪要 6 ××光伏项目专题会议纪要 7 ××光伏项目工程阶段性检查监理工作汇报材料	图76
0011-851-006	××光伏项目工程监理日志	1 审查文件签字页 2 ××光伏项目工程监理日志	
0011-851-007	××光伏项目工程监理旁站、隐蔽工程检验记录、质量事故调查、处理报告	1 审查文件签字页 2 ××光伏项目工程监理见证记录、台账 3 ××光伏项目工程监理原材料质量抽检及施工质量抽查专题报告 4 ××光伏项目工程监理旁站记录、平行检验、巡视记录、隐蔽工程验收记录 5 ××光伏项目工程质量事故调查、处理报告	

档案号	案卷题名	卷内题目	图例
0011-851-008	××光伏项目工程监理评估报告、工作总结	1 ××光伏项目工程监理评估报告、安全性评价报告（单位工程） 2 ××光伏项目工程监理工作总结	
0011-851-009	××光伏项目工程监理通知单和回复单	1 审查文件签字页 2 ××光伏项目工程监理通知单及回复单（综合） 3 ××光伏项目工程监理通知单及回复单（土建） 4 ××光伏项目工程监理通知单及回复单（安全） 5 ××光伏项目工程监理通知单及回复单（联合） 6 ××光伏项目工程监理工作联系单（土建） 7 ××光伏项目工程监理工作联系单（安装） 8 ××光伏项目工程监理工作联系单（安全） 9 ××光伏项目工程监理工作联系单（综合）	图77
0011-851-010	××光伏项目工程监理安全、环境保护记录、调查报告	1 审查文件签字页 2 ××光伏项目工程监理安全与环境教育培训记录 3 ××光伏项目工程监理施工安全、环境保护及防汛检查记录 4 ××光伏项目工程监理安全、环境施工调查报告与处理 5 ××光伏项目工程监理安全通知及回复单	

档案号	案卷题名	卷内题目	图例
0011-851-011	××光伏项目工程监理开、复工令、进度建议、延期、分析报告	1 审查文件签字页 2 ××光伏项目工程开工令、停工令、复工令 3 ××光伏项目工程工程进度建议、分析报告 4 ××光伏项目工程监理延期报告、分析报告	
0011-851-012	××光伏项目工程监理变更、索赔审核	1 审查文件签字页 2 ××光伏项目工程监理工程变更审核、签认单及业主确认 3 ××光伏项目工程变更费用审核、签字单及业主批复 4 费用索赔审核、签字单及业主批复	卷内备考表 档号：0011-851-001 互见号：0011-851G-001 说明： 本卷共 3 件，共 212 页，其中图纸共 0 张。 立卷人： 2023年7月23日 检查人： 2023年7月22日 图78
0011-851-013	××光伏项目工程开工、竣工验收、变更工期、施工组织、方案报审汇总表	1 审查文件签字页 2 ××光伏项目工程单位工程开工报告汇总表 3 ××光伏项目月施工进度计划报审汇总表 4 ××光伏项目单位工程竣工验收报告汇总表 5 ××光伏项目变更工期报审汇总表 6 ××光伏项目工程暂停及复工审批汇总表 7 ××光伏项目工程施工组织、施工方案汇总表	
0011-851-014	××光伏项目工程监理承包商资质、供货应资质、机械进场、工器具报审汇总表	1 审查文件签字页 2 ××光伏项目承包商资质报审汇总表 3 ××光伏项目特种作业人员报审汇总表 4 ××光伏项目主要材料供应商资质报审汇总表 5 ××光伏项目机械进场报审汇总表 6 ××光伏项目工器具报审汇总表	
0011-852-001	××光伏项目工程××设备监造总结	1 ××光伏项目工程××设备监造总结 2 ××光伏项目工程×××设备监造总结	

12 竣工验收文件内容及要求（分类号860、862）

在每份报告的首页右上端空白处加盖并填写档号章，卷内文件按一式一份录入。

档案号	案卷题名	卷内题目	图例
0011-860-001 （图79、图80）	××项目启动验收委员会成立的批复及请示	1 ××项目启动验收委员会成立的批复及请示 2 启动验收委员会成立文件，试运报告及验收鉴定书	图79
0011-860-002	××光伏项目施工单位工程验收鉴定书、工作总结	1 竣工文件审查签字页 2 ××光伏项目发电单元建安工程验收鉴定书 3 ××光伏项目升压站建安工程验收鉴定书 4 ××光伏项目集电线路施工工程验收鉴定书 5 ××光伏项目道路工程验收鉴定书 6 ××光伏项目工程移交生产验收鉴定书、整改回复单、汇报材料 7 ××光伏项目工程光伏发电单元工程工作总结 8 ××光伏项目集电线路工程工作总结 9 ××光伏项目升压站建安工程工作总结 10 ××光伏项目道路工程工作总结 11 ××光伏项目建设单位工作总结	
0011-862-001	××光伏项目环保、消防、安全设施、职业卫生、水土保持、档案专项验收批复、请示	1 ××光伏项目环保专项验收文批复、请示 2 ××光伏项目消防专项验收批复、请示 3 ××光伏项目安全设施竣工验收批复、请示	

档案号	案卷题名	卷内题目	图例
0011-862-001	××光伏项目环保、消防、安全设施、职业卫生、水土保持、档案专项验收批复、请示	4 ××光伏项目职业卫生专项验收批复、请示 5 ××光伏项目劳动保障专项验收批复、请示 6 ××光伏项目水土保持专项验收批复、请示 7 ××光伏项目档案专项验收批复、请示 8 ××光伏项目建设项目整体竣工验收批复、请示	设备均已安装完毕，所有调试项目已完成，试验合格，应提供的技术资料齐全，各项安全评价指标均已达到《风电场并网安全条件及评价规范》的要求，具备并网条件。现已取得丽江供电局批准投运时间为2019年12月14日24:00前。 二、　　　　新能源有限公司启动验收委员会成员名单 主　任： 副主任： 成　员： 三、云南电网丽江供电局启动验收委员会成员名单 四、高美风电场建设单位启动验收委员会成员名单 五、高美风电场监理部启动验收委员会成员名单 — 2 — 图80
0011-862-002	××光伏项目工程结算、决算审计报告	1 ××光伏项目工程结算报告 2 ××光伏项目工程决算报告 3 ××光伏项目工程财务决算审计报告	

13 竣工图内容及要求（分类号870、871、873～876）

图纸不装订，要求折叠成4号图样（210mm×297mm），标题栏应露在外面，并在标题栏上方空白处加盖并填写档号章、加盖竣工图章。图纸按照专业—卷册号组卷，题名+（卷册号），卷内目录按图号顺序逐张录入（注意检查图号是否连续）。

档案号	案卷题名	卷内题目	图例
0011-870-001	××光伏项目竣工图编制说明、目录、竣工总图	1 ××光伏项目竣工图编制说明、目录 2 ××光伏项目总平面布置竣工总图	图81
0011-871-001	××光伏项目光伏区竣工图（图册号）	1 ××光伏发电项目光伏区施工图阶段、结构专业目录 2 ××光伏发电项目光伏区钢结构支架设计总说明 3 ××光伏发电项目光伏区支架平面布置图 4 ××光伏发电项目光伏区支架节点详图 5 ××光伏发电项目光伏区支架构件详图 6 ××光伏发电项目光伏区桩基详图 7 ××光伏发电项目光伏区汇流箱安装支架详图 8 ××光伏发电项目光伏区箱变逆变一体机钢平台结构平面布置图 9 ××光伏发电项目光伏区箱变逆变一体机事故油池详图 10 ××光伏发电项目光伏区箱变逆变一体桩基详图 11 ××光伏发电项目光伏区1号发电单元桩点平面布置图 12 ××光伏发电项目光伏区2号发电单元桩点平面布置图 13 ××光伏发电项目光伏区N号发电单元桩点平面布置图	

档案号	案卷题名	卷内题目	图例
0011-871-002	××光伏项目光伏区构支架竣工图（图册号）	参照 0011-871-001	
0011-873-001	××光伏项目送出线路工程施工说明书及附图、设备材料汇总表、平断面定位图、杆位明细表、机电、基础竣工图、通信部分（图册号）	参照 0011-871-001	档　号：0011-871-001 光伏发电项目电气一次主接线竣工图（W2022273-J631-01） 立卷单位　云南合创电力工程有限公司 起止日期　202307-202307 保管期限　永久 密　级 图 82
0011-873-002	××光伏发电项目×××kV 送出线路部分机电安装竣工图（图册号）	参照 0011-871-001	
0011-873-003	××光伏发电项目×××kV 送出线路电力电缆部分竣工图（图册号）	参照 0011-871-001	
0011-873-004	××光伏发电项目×××kV 送出线路杆塔基础及转角塔结构及基础竣工图（图册号）	参照 0011-871-001	
0011-874-001（图 81）	××光伏发电项目主变压器结构竣工图（图册号）	参照 0011-871-001	

档案号	案卷题名	卷内题目	图例
0011-874-002	××光伏发电项目GIS及出线构架竣工图（图册号）	参照 0011-871-001	
0011-874-003	××光伏发电项目接地变结构竣工图（图册号）	参照 0011-871-001	图83
0011-874-004	××光伏发电项目SVG结构图竣工图（图册号）	参照 0011-871-001	
0011-874-005	××光伏发电项目35kV开关柜设备舱结构竣工图（图册号）	参照 0011-871-001	
0011-874-006	××光伏发电项目二次设备舱竣工图（图册号）	参照 0011-871-001	
0011-874-007	××光伏发电项目避雷针及环境观测仪结构竣工图（图册号）	参照 0011-871-001	
0011-874-008（图82～图88）	××光伏发电项目电气总竣工图（图册号）	参照 0011-871-001	

档案号	案卷题名	卷内题目	图例
0011-874-009	××光伏发电项目××kV室外配电装置竣工图（图册号）	参照 0011-871-001	
0011-874-010	××光伏发电项目主变压器及各侧引线安装竣工图（图册号）	参照 0011-871-001	
0011-874-011	××光伏发电项目35kV配电装置安装竣工图（图册号）	参照 0011-871-001	
0011-874-012	××光伏发电项目SVG无功补偿装置安装竣工图（图册号）	参照 0011-871-001	
0011-874-013	××光伏发电项目接地变及站用变安装竣工图（图册号）	参照 0011-871-001	图84
0011-874-014	××光伏发电项目电缆防火及埋管竣工图（图册号）	参照 0011-871-001	
0011-874-015	××光伏发电项目全站照明竣工图（图册号）	参照 0011-871-001	

档案号	案卷题名	卷内题目	图例
0011-874-016	××光伏发电项目防雷接地竣工图（图册号）	参照 0011-871-001	
0011-874-017	××光伏发电项目光伏系统布置及接线竣工图（图册号）	参照 0011-871-001	
0011-874-018	××光伏发电项目电缆敷设竣工图（图册号）	参照 0011-871-001	
0011-874-019	××光伏发电项目竣工图阶段设备材料表（图册号）	参照 0011-871-001	
0011-874-020	××光伏发电项目竣工图阶段电缆清册（图册号）	参照 0011-871-001	
0011-874-021	××光伏发电项目计算机监控公用系统竣工图（图册号）	参照 0011-871-001	图85
0011-874-022	××光伏发电项目主变二次原理及安装接线原理竣工图（图册号）	参照 0011-871-001	

档案号	案卷题名	卷内题目	图例
0011-874-023	××光伏发电项目开关设备二次原理及接线竣工图（图册号）	参照 0011-871-001	
0011-874-024	××光伏发电项目线路及母线设备二次原理及安装接线竣工图（图册号）	参照 0011-871-001	
0011-874-025	××光伏发电项目交直流一体化电源系统竣工图（图册号）	参照 0011-871-001	
0011-874-026	××光伏发电项目SVG装置二次原理及接线竣工图（图册号）	参照 0011-871-001	
0011-874-027	××光伏发电项目接地变二次原理及接线竣工图（图册号）	参照 0011-871-001	
0011-874-028	××光伏发电项目视频监控竣工图（图册号）	参照 0011-871-001	图86
0011-874-029	××光伏发电项目××kV母线原理及二次接线竣工图（图册号）	参照 0011-871-001	

档案号	案卷题名	卷内题目	图例
0011-874-030	××光伏发电项目安全自动装置原理及安装接线竣工图（图册号）	参照 0011-871-001	
0011-874-031	××光伏发电项目××kV线路保护测控原理及二次接线竣工图（图册号）	参照 0011-871-001	
0011-874-032	××光伏发电项目××kV母线原理及二次接线竣工图（图册号）	参照 0011-871-001	
0011-874-033	××光伏发电项目远动信号及数据网络系统竣工图（图册号）	参照 0011-871-001	
0011-874-034	××光伏发电项目电能计量系统竣工图（图册号）	参照 0011-871-001	
0011-874-035	××光伏发电项目电能质量监测屏原理及安装接线竣工图（图册号）	参照 0011-871-001	图87

档案号	案卷题名	卷内题目	图例
0011-874-036	××光伏发电项目系统通信竣工图（图册号）	参照0011-871-001	
0011-874-037	××光伏发电项目火灾自动报警竣工图（图册号）	参照0011-871-001	
0011-875-001	××光伏项目消防竣工图（图册号）	参照0011-871-001	
0011-876-001	××光伏项目交通竣工图（图册号）	参照0011-871-001	图88

14 设备文件内容及要求（分类号910～916、920～922、930、931、940～946、950、951、970、980、981、990）

设备文件不装订，在每件文件的首页右上端空白处加盖并填写档号章，卷内文件按一式一份录入。
设备主要由：支架、组件、汇流箱、逆变器、箱式变压器、变电站一次设备、变电站二次设备、通信设备组成。
按专业、台件组卷顺序：质量证明文件、开箱验收、产品合格证、检验报告、图纸。

档案号	案卷题名	卷内题目	图例
0011-910-(001-00N)	××光伏项目支架使用说明书、检验报告、图纸	1 ××光伏项目支架装箱单 2 ××光伏项目支架零部件清单 3 ××光伏项目支架使用说明书 4 ××光伏项目支架检验报告 5 ××光伏项目支架图纸、技术文件	档号：BZ1011-942-001 正本 光伏发电项目升压站400V低压成套开关设备出厂质量证明文件、使用说明书、图纸 立卷单位 西北电力建设工程有限公司 起止日期 2020.06.03-2020.10.29 保管期限 30年 密级 图89
0011-911-(001-00N)	××光伏项目组件使用说明书、检验报告、图纸	1 ××光伏项目组件装箱单 2 ××光伏项目组件零部件清单 3 ××光伏项目组件监造记录与报告 4 ××光伏项目组件检验报告 5 ××光伏项目组件图纸、技术文件	
0011-912-(001-00N)	××光伏项目汇流箱使用说明书、检验报告、图纸	1 ××光伏项目汇流箱装箱清单 2 ××光伏项目汇流箱使用说明书 3 ××光伏项目汇流箱检验报告 4 ××光伏项目汇流箱图纸、技术文件	

档案号	案卷题名	卷内题目	图例
0011-913-(001-00N)	××光伏项目逆变器使用说明书、检验报告、图纸	1 ××光伏项目逆变器装箱清单 2 ××光伏项目逆变器使用说明书 3 ××光伏项目逆变器检验报告 4 ××光伏项目逆变器图纸、技术文件	
0011-914-(001-00N)	××光伏项目直流柜使用说明书、检验报告、图纸	1 ××光伏项目直流柜装箱清单 2 ××光伏项目直流柜使用说明书 3 ××光伏项目直流柜检验报告 4 ××光伏项目直流柜图纸、技术文件	
0011-915-(001-00N)	××光伏项目数据采集使用说明书、检验报告、图纸	1 ××光伏项目数据采集出厂质量证明 2 ××光伏项目数据采集使用说明书 3 ××光伏项目数据采集检验报告 4 ××光伏项目数据采集图纸、技术文件	
0011-916-(001-00N)	××光伏项目箱式变压器使用说明书、检验报告、图纸	1 ××光伏项目箱式变压器出厂质量证明 2 ××光伏项目箱式变压器使用说明书 3 ××光伏项目箱式变压器检验报告 4 ××光伏项目箱式变压器图纸、技术文件	图90
0011-920-001	××光伏项目站用变压器使用说明书、检验报告、图纸	1 ××光伏项目站用变压器出厂质量证明 2 ××光伏项目站用变压器使用说明书 3 ××光伏项目站用变压器检验报告 4 ××光伏项目站用变压器图纸、技术文件	

档案号	案卷题名	卷内题目	图例
0011-921-001	××光伏项目配电装置使用说明书、检验报告、图纸	1 ××光伏项目配电装置出厂质量证明 2 ××光伏项目配电装置使用说明书 3 ××光伏项目配电装置检验报告 4 ××光伏项目配电装置图纸、技术文件	
0011-922-001	××光伏项目继电保护及二次设备使用说明书、检验报告、图纸	1 ××光伏项目继电保护及二次设备出厂质量证明 2 ××光伏项目继电保护及二次设备使用说明书 3 ××光伏项目继电保护及二次设备检验报告 4 ××光伏项目继电保护及二次设备图纸、技术文件	
0011-930-001	××光伏项目防雷接地装置使用说明书、检验报告、图纸	1 ××光伏项目防雷接地装置出厂质量证明 2 ××光伏项目防雷接地装置装箱单 3 ××光伏项目防雷接地装置说明书 4 ××光伏项目防雷接地装置检验报告	图91
0011-931-001	××光伏项目线路监测、检测使用说明书、检验报告、图纸	1 ××光伏项目线路监测、检测出厂质量证明 2 ××光伏项目线路监测、检测检验报告 3 ××光伏项目线路监测、检测现场检验移交单	

档案号	案卷题名	卷内题目	图例
0011-940-001	××光伏项目主变压器使用说明书、检验报告、图纸	1 ××光伏项目主变压器出厂质量证明 2 ××光伏项目主变压器使用说明书 3 ××光伏项目主变压器检验报告 4 ××光伏项目主变压器图纸、技术文件	
0011-941-001	××光伏项目高压设备及配电装置使用说明书、检验报告、图纸	1 ××光伏项目高压设备及配电装置出厂质量证明 2 ××光伏项目高压设备及配电装置使用说明书 3 ××光伏项目高压设备及配电装置检验报告 4 ××光伏项目高压设备及配电装置图纸、技术文件	DELIXI ELECTRIC 德力西电气 **合格证** 本产品执行GB/T 14048.2标准，经检验合格，准予出厂。 名　称：__万能式断路器__ 型　号：__CDW3系列__ 检验员：__检 09__ 检验日期：__2020　10__ 德力西电气有限公司 DELIXI ELECTRIC LTD 图92
0011-942-001 (图89～图94)	××光伏项目低压配电设备使用说明书、检验报告、图纸	1 ××光伏项目低压配电设备质量证明 2 ××光伏项目低压配电设备使用说明书 3 ××光伏项目低压配电设备检验报告 4 ××光伏项目低压配电设备图纸、技术文件	
0011-943-001	××光伏项目继电保护及二次设备使用说明书、检验报告、图纸	1 ××光伏项目继电保护及二次设备质量证明 2 ××光伏项目继电保护及二次设备使用说明书 3 ××光伏项目继电保护及二次设备检验报告 4 ××光伏项目继电保护及二次设备图纸、技术文件	
0011-944-001	××光伏项目直流系统使用说明书、检验报告、图纸	1 ××光伏项目直流系统使用说明书 2 ××光伏项目直流系统检验报告 3 ××光伏项目直流系统图纸	

档案号	案卷题名	卷内题目	图例
0011-945-001	××光伏项目自动装置使用说明书、检验报告、图纸	1 ××光伏项目自动装置质量证明 2 ××光伏项目自动装置使用说明书 3 ××光伏项目自动装置检验报告 4 ××光伏项目自动装置图纸、技术文件	
0011-946-001	××光伏项目GIS（内部各元器件）使用说明书、检验报告、图纸	1 ××光伏项目GIS质量证明 2 ××光伏项目GIS使用说明书 3 ××光伏项目GIS检验报告 4 ××光伏项目GIS图纸、技术文件	陕西彬州市龙源大佛寺 50MW农光互补光伏发电项目 生产制造图纸 图93
0011-950-001	××光伏项目火灾自动探测及报警系统使用说明书、检验报告、图纸	1 ××光伏项目火灾自动探测及报警系统使用说明书 2 ××光伏项目火灾自动探测及报警系统检验报告 3 ××光伏项目火灾自动探测及报警系统图纸	
011-951-001	××光伏项目灭火装置检验报告、合格证	1 ××光伏项目灭火装置检验报告 2 ××光伏项目灭火装置合格证	
0011-970-001	××光伏项目排水泵使用说明书、检验报告、图纸	1 ××光伏项目排水泵使用说明书 2 ××光伏项目排水泵检验报告 3 ××光伏项目排水泵图纸	
0011-980-001	××光伏项目电缆合格证、使用说明、检验报告（招标投标）	1 ××光伏项目电缆合格证 2 ××光伏项目电缆使用说明 3 ××光伏项目电缆检验报告	

档案号	案卷题名	卷内题目	图例
0011-981-001	××光伏项目光缆合格证、使用说明、检验报告（招标投标）	1 ××光伏项目光缆合格证 2 ××光伏项目光缆使用说明 3 ××光伏项目光缆检验报告	卷内备考表 档号：BZ1011-942-001 互见号：BZ1011-9GP-001 说明： 本卷有6件，共有101页，其中文字材料71页，图纸30张。 立卷人： 2021年10月27日 检查人： 2021年10月27日 图94
0011-990-001	××光伏项目电子围栏、周界报警系统合格证、说明书	1 ××光伏项目电子围栏、周界报警系统合格证 2 ××光伏项目电子围栏、周界报警系统说明书	